# FinTech 2.0
フィンテック

金融とITの関係が
ビジネスを変える

野村総合研究所
**楠 真** 著

中央経済社

## はじめに

　FinTechについて関心を持ったのは2015年の夏頃のことだった。どうもいろいろな企業がFinTechに魅力を感じて動きまわっている。官庁でもFinTechをテーマにした研究会が盛んだ。だが誰もFinTechが何を示しているのかを明確に説明してくれない。

　「NRIはFinTechをやっていますか？」などと聞かれて，何を答えてよいのか窮したのもこの頃だ。メディアには毎日のようにFinTechの話題が出てくるが，その実態はなかなか理解できない。いろいろな立場の人が，それぞれの思いで勝手にFinTechを論じているように感じられる。

　その頃，ある大手金融機関の経営幹部の訪問を受けた。
　「FinTechについてお聞きしたいのですが」
　私は素直に答えた。
　「私の知っていることもあれば，知らないこともあります。FinTechについて何をお知りになりたいのですか？」
　「私はITの専門家ではありませんので，例えばビットコインについて技術的な詳しい話を知りたいわけではありません。私が知りたいのはいったいFinTechというものをどうとらえたらいいのかということです。FinTechとはいったい何なのか。そしてマシンラーニングとかビットコインといったいろいろな新しい技術がどれほどのものなのかということ。そしてFinTechがわが社にとってどんな影響をもたらすのかということです。」

この経営幹部の質問はとても率直だ。巷ではビットコインやロボアドバイザーといったFinTechソリューションの解説や，ベンチャー企業の成功話など，FinTechに関する話題には事欠かない。そうした話はそれぞれ素晴らしく魅力的ではあるが，同時に断片的で，普通のビジネスマンにとっては消化しきれるものではない。ロボアドバイザーやビットコインの話が普通の金融ビジネスといったい何の関係があるのか，即座に理解できる人などきっとめずらしいに違いない。
　FinTechが「どれくらいのもの」で，日本企業や日本の金融業界，IT業界へどういった影響をもたらすのか，そして全体的にFinTechをどうとらえればいいのか。誰にもわからないに違いない。

　「マシンラーニング，ブロックチェーン，デジタルマーケティングといった最先端のIT技術は『どれくらいのもの』なんでしょうか。それはわが社のビジネスに影響を及ぼしますか？」と質問した彼の問題意識はもっともなことだ。FinTechが彼の会社のビジネスに影響を及ぼさないはずはない。しかし彼が今からひとつひとつのソリューションを躍起になって事業に取り込もうとしても，何をどこからはじめていいのかすらわけがわからなくなるはずだ。もう少し何が起きているのかを見極めたほうがよさそうではないか。

　彼の訪問から私のFinTech探訪がはじまった。FinTechブームがどうしてアメリカで発生し，そして日本へ上陸してきたのか。背景はどこにあるのか。鍵を握るメインプレーヤはいったい誰で，彼らは何を狙っているのか。

　金融とITの関係は今にはじまったことではない。今さらFinTechとい

うからには，現在ダイナミックに動いていることをきちんと評価することが必要だ。私が着目したのは2つのダイナミックな動きだ。ひとつはIT業界の構造的な変化，クラウドコンピューティングやモバイルプラットフォームがITの世界を塗り替えようとしており，そこにぶちあたった金融業界のITソリューションが大きな影響を受けているという話だ。もうひとつはIT業界の変化に端を発したベンチャー企業の動きだ。FacebookやUberなど，新しいITインフラの上で育ったネットベンチャーは，アメリカ企業の時価総額の相当の部分を占めているわけだが，彼らが金融業界にも押し寄せようとしている。"Silicon Valley is coming"だ。

FinTech探訪をはじめてしばらく，ロボアドバイザーによる理想の資産運用だとか，ブロックチェーンを使った理想的な取引システムだとか，人工知能を使えば金融ビジネスが根底から変化するといったFinTechストーリーに私も眼を奪われた。だが素晴らしいITソリューションも手にとってよく見てみると，昔から知っているものとあまり変わらなかったり，厳しい現実を抱えていることが多かった。まるでチルチルとミチルが青い鳥をつかまえると，どれをとっても普通の小鳥に変わってしまうというメーテルリンクの童話のような話だ。

半年をかけた私のFinTech探訪がたどりついたことはシンプルだ。クラウドコンピューティングやモバイルプラットフォーム，そしてそこに育った新しいビジネスモデルの影響は金融業界にも及んでおり，新たなビジネスチャンスを生みだしている。ビジネスチャンスがあるということは，既存ビジネスに対する脅威が存在するということでもある。新しい競争のルールが生まれ，そこでビジネスを大きく伸ばす企業もあれば，時代の要請に応えられずに陳腐化し，表舞台から退場するものもあるだろう。動き

出さなければならないのはベンチャー企業ではない。既存の金融ビジネスこそが変革へ向けて動き出す必要があるのだ。あらゆる金融ビジネスが新たな環境に向けた自己変革を求められている。それこそがFinTechに違いない。

　自ら新しいビジネス環境へ向けたスタートをきることこそが必要なことだ。新しい競争ルールに適応していくと決めれば，過去の自分自身を否定する結果につながるかも知れない。さまざまなステークホルダーから反発を受けるかも知れない。変革には勇気とリーダシップが不可欠だ。

　ロボアドバイザーやブロックチェーンのようにどこかの遠い話ではない。私たちの目の前のビジネスそのもののことだ。遠くまで青い鳥を探しに行く必要はない。自己変革へ向けたロング・ジャーニーのスタートをきれば，目の前にいろいろな道具立てが出現するはずだ。スマートフォンの中のアプリが，クラウドサービスの中で使われるのを待っているマシンラーニングツールが，自社の既存システムの中で眠っているビッグデータが，それぞれのロング・ジャーニーを進める道具立てに変化していくだろう。ただの目立たない小鳥だと思っていたものが，今度は青い鳥に変貌していくはずだ。

2016年2月

楠　真

# CONTENTS

はじめに

## 第1章 FinTechって何? ... 1

- 1-1 "Silicon Valley is coming" ... 2
- 1-2 「FinTech」をめぐって動きだす日本 ... 4
- 1-3 バズワードの見方 ... 8
- 1-4 金融とITの深い関係 ... 10
- 1-5 FinTechは金融サービスか,それとも金融ITソリューションなのか ... 11
- 1-6 アメリカンバンカーのFinTech 100 ... 16
- コラム 野村総合研究所のビジネスプロセスアウトソーシング(BPO) ... 23
- 1-7 FinTech 2.0がやってきた ... 26

## 第2章 アメリカのベンチャービジネスとFinTech 2.0 ... 29

- 2-1 アメリカのベンチャー投資とFinTech投資 ... 30
- 2-2 FinTech 2.0投資の内容 ... 33
- 2-3 FinTech 2.0をサポートする金融業界の大物たち ... 35
- 2-4 FinTech 2.0が取り組む主なソリューション ... 37
  - [1] リテール金融向けソリューション ... 38
  - [2] 仮想通貨やブロックチェーンに関連したソリューション ... 38
  - [3] ネット決済やモバイル決済に関連したソリューション ... 38
  - [4] クラウドファンディングやソーシャルレンディング ... 39
  - [5] ホールセール金融に関連したソリューション ... 39

## 第3章　FinTechを支えるテクノロジー　43

- 3-1　ソフトウェアが世界を呑み込む　46
- 3-2　既存ビジネスをぶっつぶす　50
- 3-3　第3世代プラットフォーム　52
  - ［1］　モバイルプラットフォーム　56
  - ［2］　エコシステム　58
  - コラム　ヤングレポートとケーレツ　61
- 3-4　SOAとAPIエコノミー　63
- 3-5　デジタルトランスフォーメーション　66
- 3-6　クラウド戦争　68
  - ［1］　クラウドネイティブ　70
  - ［2］　マシンラーニング　71
  - ［3］　DevOps　74
  - コラム　ピボタルラボ　75

## 第4章　FinTechが生まれたアメリカ金融業界　77

- 4-1　アメリカ金融業界の変化　78
- 4-2　金融リテールの変化　82
- 4-3　ミレニアルズ　84
- 4-4　リーマンショック　87
- コラム　プライムブローカレージビジネスとFinTech　89

## 第5章　ロボアドバイザー　93

- 5-1　マネージドアカウントサービス　95
- 5-2　マネージドアカウントサービスの種類とロボアドバイザーの位置付け　99

| 5-3 | ロボアドバイザーの市場規模 | 103 |
| 5-4 | ロボアドバイザーのサービス概要 | 107 |

## 第6章　仮想通貨とブロックチェーン　109

| 6-1 | 仮想通貨と電子マネー | 111 |
| 6-2 | ビットコイン | 114 |
| 6-3 | ブロックチェーン | 116 |
| 6-4 | 金融機関によるブロックチェーン技術の活用 | 119 |

## 第7章　クラウドファンディング　127

| 7-1 | クラウドファンディングの分類 | 128 |
| 7-2 | 仮想現実社会の中で生まれたソーシャルレンディング | 131 |
| [1] | サブプライムローン問題の影響とSECによる規制 | 133 |
| [2] | レンディングクラブ | 135 |
| [3] | 日本のクラウドファンディング | 137 |

## 第8章　FinTechのこれから　139

| 8-1 | 金融機関のデジタルトランスフォーメーション | 140 |
| 8-2 | FinTech 2.0の行方 | 143 |
| 8-3 | メガベンチャーの動向 | 145 |
| 8-4 | 日本におけるFinTech | 147 |
| 8-5 | どうして日本企業はエコシステムが苦手なのか？ | 149 |
| 8-6 | 金融とITの付き合い方 | 153 |
| 8-7 | FinTechを戦力にする | 155 |

あとがき

第１章

# FinTechって何？

FinTechブームの震源地はアメリカだ。GoogleやAmazonといったネットベンチャーの急成長はアメリカのビジネス界へ大きな影響を及ぼした。ベンチャー企業には違いないが，今やネットビジネスの巨人となったこれらの企業のことをメガベンチャーと呼んでいる。メガベンチャーの成長は，アメリカの小売業，広告業界，新聞雑誌などのメディア，そして携帯電話会社など多くの業界を根本的な構造改革へ追い込んだ。そして構造改革の波は今，金融業界へ向かっている。最初に誰よりも強く危機感を持ったのは金融機関のトップだ。構造改革にあわせて自社を変革していくことができるのか。あるいは変革の波にのまれるのか。アメリカの経営者たちは深刻な決断に迫られている。

## 1-1　"Silicon Valley is coming"

　FinTechというとまずでてくるのがJPモルガンチェースのダイモン会長のこの言葉だ。「シリコンバレーがやってくる」。この後に「奴らは我々のランチを食いにやってくる」と続く。JPモルガンチェースに限らず，アメリカの金融機関トップの危機感には相当なものがある。彼らはFinTechを自らの利益を収奪する厄介な存在だととらえているのだ。

　ダイモン会長のいうシリコンバレーとはいわずと知れたネット企業のことだ。その代表格がApple，Amazon，Googleだ。これら3社の売上を合計すると4,000億ドルを上回る。日本の国家予算に匹敵するような規模なのだ[1]。AmazonやAppleがネット上で販売した製品の決済はネット上か

---

1　国債費を除いた基礎的財政収支対象経費（平成27年度は72兆9,000億円で，ドル換算では5,900億ドルとなる）。

らクレジットカード会社へつながって，最終的にクレジットカード会社が決済する。クレジットカード会社にとってはAmazonが最大の加盟店だ。最近，AppleはApple Payというネット決済の仕組みを発表した。これはiPhoneやApple Watchを使ってクレジットカードなしに支払いができるというもので，Appleユーザはさらに便利な決済サービスを利用できるようになる。GoogleもGoogle walletという電子決済サービスを発表している。この分ではクレジットカードを持ちあるく必要性はそのうちなくなってしまうだろう。

　保険会社もシリコンバレーに脅威を感じている。日本でもGoogleマップを利用してドライブする人は多いが，Googleは個々のドライバーがどんな場所にどのように運転をしたかの情報をクラウド上に保有している。年間にどの程度の距離を運転するのかとか，どんなスピードで運転するのかといったドライバー情報が個別に記録されている。そうした情報を利用してGoogleが自動車保険に参入するのではないかという憶測が絶えない。Googleのドライバー情報を保険料算定に利用したら，それこそ最強の自動車保険ができてしまう。安全運転のドライバーには保険料を安く，スピードばかりだしているドライバーには保険料を高くといった具合だ。既存の自動車保険会社にしてみると，やっかいな新規参入企業になるのは請け合いだ。

　金融機関の利益の源泉は3種類しかない。集めた預金に支払う金利と貸し出した金利の金利差から得られる金利収益，株や債券のような金融商品を販売したときの手数料，そして振込みやアドバイスの提供など，サービスの提供に対するサービス料だ。はるか昔，銀行は預金さえ集められれば，高い金利でローンを利用する企業や個人がいくらでもあった。証券会社は

3％の手数料で株式を販売することができた。振込手数料もインターネットのない時代にははるかに高額だった。だがすべての利益はITの高度化とともに減少してきている。何もせずにとどまっている金融機関があるとすれば，利益は圧迫され，やがてマーケットから退場するほかはない。

AppleやGoogleのような大企業ばかりではない。2014年には世界で140億ドルの資金が金融ITのスタートアップ企業に投資されたといわれている。スタートアップベンチャーの数は1,250社に達したという。まさに金融機関が独占していた利益にスタートアップベンチャーが群がる構図だ。

NTTドコモがガラケーで創り上げたエコシステムを，Apple，Googleはあっという間に奪い取ってしまった。ブロックバスタービデオはネット販売の最大手Amazonが作ったクラウドコンピューティングのプラットフォーム，Amazon Web Service（AWS）をエコシステムとして利用したNetflixにとって代わられた。そうしたことが金融業界にも起きるのか。グローバル金融機関しか持っていなかった金融インフラを，誰もが利用できるAWSで簡単に作れるようになるのか。Amazonの利用代金がAmazonの電子マネーで決済され，さらに電子マネーがAmazonの枠を超えていくことは可能なのか。すべてが変わってしまう可能性がある。

## 1-2　「FinTech」をめぐって動きだす日本

日本でも「FinTech」というキーワードを耳にする機会は確かに増えている。メガバンクが新興ベンチャー企業と提携したり[2]，ビットコインに代表される暗号通貨の中核技術であるブロックチェーン[3]の国際団体に加

盟して，金融機関同士の決済へ応用する検討を始める[4]など，実にさまざまな動きが注目を集めている。

　日本でも金融業界を揺り動かしているFinTechだが，日本でメディアに登場したのはつい最近のことだ。一番最初に登場したのは日本経済新聞で，2015年元旦の「仮想現実」についての特集にFinTechが登場する。日本のメディアでFinTechというワードが「最新技術を駆使した金融サービス」という文脈でとりあげられたのはこの記事が最初だ。この記事より前に，いわゆるFinTechについて書かれた記事は存在しない。ただし，もともとアメリカ金融業界にあったFinTechを除けばなのだが，これについては後述する。その後，日本経済新聞はFinTechを何度もとりあげている。上述のメガバンクの動きもあれば，アメリカや海外のFinTech事情を紹介する記事など，多くの紙面がFinTechに割かれている。メガバンクや金融庁の反応を見ても，業界こぞってFinTechを持ち上げた様子が見て取れる。FinTechの仕掛け人と私が推定している日本経済新聞は，FinTechを**図表1－1**のように定義している。

　日本経済新聞の定義によれば，FinTechは「最新技術を利用した金融サービス」のことだ。スタートアップ企業のことでもなければ，テクノロジーやソリューションのことでもない。果たしてFinTechがITソリューションのことなのか，金融サービスのことなのか，ここが不明瞭なことがFinTechをわかりにくくしていることのひとつだ。

---

2　「みずほ銀行がFinTechを加速，マネーフォワードと協業，NTTデータの新サービス活用も」日経ITpro，2015.7.24（http://itpro.nikkeibp.co.jp/atcl/news/15/072402464/）
3　ブロックチェーンについての詳細は後述。
4　「三菱UFJがブロックチェーン技術の国際団体に加入，国内でも関連サービスが相次ぎ登場」日経ITpro，2015.10.22（http://itpro.nikkeibp.co.jp/atcl/column/14/346926/101700359/）

| 図表1-1 | FinTechの定義 |

> FinTechとは
> ▼FinTech 「金融（finance）」と「技術（technology）」を合わせた米国発の造語。世界的に普及したスマホのインフラや，ビッグデータ，人工知能（AI）などの最新技術を駆使した金融サービスを指す。
>
> （日本経済新聞 2015/10/25 朝刊）

　金融庁もFinTechに強い関心を持っている。金融庁はFinTechの取込みによって，日本の金融業界が，世界に伍してやっていける業界へ変革していくことに期待を持っている。金融庁からみたひとつの課題は，銀行の事業会社に対する出資規制だ。銀行や，銀行を傘下にもつ金融持ち株会社は兼業禁止を義務付けられており，事業会社への出資は銀行の場合で5％，金融持ち株会社の場合で15％を上限とされている。この規制は銀行や金融グループが新しいビジネスへ進出しようとする際の障害となっている。特にアメリカの金融グループが電子商取引（EC）サイト運営会社などへ出資を拡大させていることから，出資規制の緩和が求められている。

　これに対して金融グループ規制の見直しが検討されており，2015年12月に金融審議会の「金融グループを巡る制度のあり方に関するワーキンググループ」の報告書が公表された[5]。これによると金融持ち株会社が従来よりも業務執行を拡大する方向性が提言されており，特にFinTechを含めたソリューション企業への出資規制が緩和される見通しが高まっている。

---

5　大崎貞和「動き出す金融グループ規制の見直し」，研究員の時事解説2016年，野村総合研究所ナレッジインサイト（http://fis.nri.co.jp/ja-JP/knowledge/commentary/2016/20160105.html）

このほかアメリカでクラウドファンディング条項が施行されたのに呼応して，金融商品取引法の改正にあわせてクラウドファンディングへの参入条件を緩和するなどの変更も行われている。

一方で，アベノミクスの何本目かの矢にFinTechが仕立てられないかと考えている官庁もある。経済産業省でも産業・金融・IT融合に関する研究会，通称FinTech研究会[6]を作ってアメリカの最新動向を調査しはじめた。また文部科学省は大学を通じて大学発のベンチャーを育成するファンドを計画している[7]が，育成対象のベンチャーの領域としてFinTech企業に注目しているという話だ。総務省もクラウドコンピューティングやFinTechが1億総活躍社会の実現にむけた材料にならないかと注目している。官製FinTechによってアベノミクスが果たして再稼働するだろうか。

メガバンクは活発に動き始めている。三菱東京UFJ銀行はFinTechビジネスのスタートアップを志す企業に対して，事業企画などの支援を提供する「FinTechアクセラレータ」というプログラムを開始した[8]。これによって内外のスタートアップ企業を集めて，出資や提携を通じたオープンイノベーションを推進していく考えだ。また現行の決済システムを合理化する手段として注目を集めているブロックチェーン技術については，R3というアメリカのベンチャー企業が主導するコンソーシアムに三菱東京UFJ銀行，みずほ銀行，野村證券など名だたる大手金融機関が参加している。

---

[6] 経済産業省ホームページ（http://www.meti.go.jp/committee/kenkyukai/sansei/fintech/002_haifu.html）
[7] 文部科学省ホームページ（http://www.mext.go.jp/b_menu/shingi/gijyutu/gijyutu16/siryo/__icsFiles/afieldfile/2014/12/22/1354095_01_1.pdf）
[8] 三菱東京UFJ銀行資料（http://www.bk.mufg.jp/innovation/accelerator/）

これらの動きに反応して，IT企業の動きも活発だ。もともと金融ITソリューションを提供している野村総合研究所（NRI）やNTTデータは活発な情報収集を開始している。また日立製作所，日本電気，富士通の3社はいずれも人工知能の研究に着手したという。FinTechへの応用がゴールのひとつだといわれている。

　今やFinTechは日本の金融業界を変革する起爆剤として注目を浴びるようになった。だが，メディアを賑わす派手な発表ほどには結果が付いてこない。小さなアクセサリーのようなソリューションはいくらでもでてくるが，既存金融サービスを代替してしまうようなものや業界を根本的に変革するような動きは見えていないのが実情ではないだろうか。いったいFinTechでこれから日本に何が起きるのだろうか。

## 1-3　バズワードの見方

　FinTechは日本でもアメリカでもまさにバズワードだ。IT業界ではこれまでもさまざまなバズワードが登場した。騒がれただけで忘れ去られたものも多いが，インターネットのように世の中を変革させたものもある。最近でもクラウドコンピューティングであるとか，デジタルビジネス，エコシステム，第3世代プラットフォームといったバズワードが飛び交っている。

　バズワードは注目されればされるほど，最初に使った人の思惑を超えて，後から後から新しい解釈が積み重なっていく傾向がある。だから意味がよくわからなかったり，定義があいまいだったりすることがほとんどだ。だ

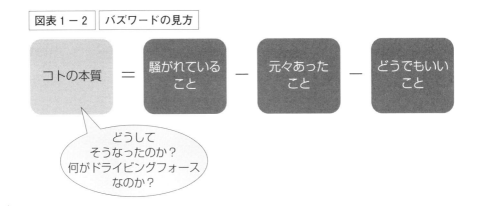

がバズワードというものの存在を考えると，定義を追求することにあまり意味はないように思う。それぞれ違うことをいっているし，どれもそれなりに正しいからだ。だが私はバズワードを見るとき，一番重要なのはそのバズワードが出現した背景ではないかと考えている。コトの本質は背景の中に潜んでいる。

　コトの本質は「騒がれていること」の中に隠されている。だがFinTech騒ぎの中を駆けめぐっているいろいろな情報の中には，金融業界にもともと存在したITソリューションやビジネスの話がだいぶ含まれている。もともとあった話を丹念に抜き出して，さらに自分のことを宣伝しているだけの「どうでもいい話」を無視したときにいったい何が残されるのか。つまるところ以前と本質的に変わったものは何なのかを注視していくことで，本質に近づくことができるはずだ。

　コトの本質をみるうえでは，元々あったこと，すなわち金融におけるITサービスがどんなものであったかについて整理しておくことが必要だ。

## 1-4 金融とITの深い関係

そもそも金融ビジネスというものは、コンピュータの歴史とともに成長してきた。現代の金融ビジネスはそもそもFinTechなのだ。そして元祖FinTechはIBMだ。IBMや日立、富士通のメインフレームコンピュータがなかりせば、今日の金融ビジネスは決して成立していない。金融機関にとってITは奥座敷に隠されて、秘伝の秘として扱われてきた。そしてそれぞれの金融機関はIT投資を競い合って、自前のインフラを築き上げた。このインフラの存在が金融ビジネスへの参入を困難なものにしてきたのだ。

IT技術の変革は常に金融業界を変化させてきた。たとえば銀行預金を引き出すのに、かつてのようにわざわざ銀行の支店へいく人は少ないだろう。コンビニでもまた電車の駅でもATMから預金を引き出すことができる。便利なATMが普及したのもインターネット技術やパソコンによるIT技術の変革が可能にしたのだ。パソコン、インターネット、データウェアハウスなど、その時代の最新テクノロジーを取り込むことは、金融機関のビジネスにとって極めて重要な意味を持っているのだ。

今やブームとなったFinTechだが、いったいいつ頃から使われるようになったのだろうか。実はFinTechというワードが出現するのは1990年代のことだ。金融という意味のFinanceとTechnologyのTechをくっつけた造語としてアメリカの金融業界で使われ始めた。FinTechは当初、金融機関の社内におかれたITのことだった。金融機関の中にしか金融のテクノロジーが存在しなかったからだ。またTechnologyの意味も、当初はトレーディング手法や資産運用の手法として利用する統計学的手法を指して

いることが多かった。金融機関が理系エンジニアを採用して創り上げたのもそういったソリューションだった。

コンピュータの世界が変わるにつれて、金融ビジネスとIT企業との関係も変化してきた。クライアントサーバの時代には、ネット証券やネットバンクといった新たな業態が生まれたし、銀行からATMが分離されて、セブン銀行のようにATMに特化した銀行も生まれた。今日、「ソフトがすべてを呑み込む」というクラウド時代に金融ビジネスのビジネスモデルやルールがテクノロジーの影響を受けるのは当然のことだ。

1990年代の後半に入ると金融ITソリューションをサービスとして提供する専業ベンダーが出現する。金融ITベンダーはパッケージリューションや業務アプリケーションサービスを金融機関に対して提供する。これを利用すればノウハウのない金融機関が新しい分野に素早く参入できる。だから急激に広がった。大手金融機関のIT部門においても、「Make or Buy」という問いかけが盛んになされるようになった。自前のインフラにこだわっていたのでは、金融業界の変化に追いついていけないからだ。金融機関が自前主義から徐々に金融ITソリューションを外部へ依存しはじめていったのが1990年代だ。

## 1-5 FinTechは金融サービスか、それとも金融ITソリューションなのか

アメリカのFinTechスタートアップ企業を訪問すると、いろいろと異なったビジネスモデルを目指しているにもかかわらず、共通することがある。

- AWSのクラウドソリューションや人工知能など，最新技術をベースとしていること
- 既存ビジネスを「Disrupt（ぶっつぶす）」するとしている点
- ゴールとしているビジネスモデルが金融ソリューションなのか，金融サービスなのかをあいまいにしている点

はじめの2点はすべてのネットベンチャーに共通することなのだが，気になるのは3つめのポイントだ。いったいFinTechは金融サービスなのか，それともテクノロジーソリューションなのか。

「銀行が巨大化し，経済の中心に躍り出たのは150年くらい前のこと。150年ぶりに，アイデアを持っていれば個人でも金融機関を作れる時代が到来した」

これはあるイベントで日本のベンチャー企業の代表が言った言葉だ。小さな企業でも素晴らしいアイデアがあれば金融業界の革新につながる可能性があるという意味では私も同感だ。しかし個人が金融機関を作れる時代というのはどうだろうか。むしろ私はFinTechの実態がテクノロジーソリューションであると考えている。テクノロジーソリューションを使って実際に金融サービスを実施するのは別の話だ。

金融ビジネスは，他人の金銭を預かるビジネスだ。だから銀行においても証券会社においても，保険会社においてもさまざまな不正やトラブルが何度も発生し，それに対して金融当局による規制が行われるということが繰り返されてきた。日本では証券会社の販売システムにはリスク商品を高

齢者に販売しないようにするプロテクトが埋め込まれているし，消費者金融では多重債務者を発生させないよう，業界を横断したシステムが作られている。また巨大銀行や証券会社はそれぞれの国の経済を支える国家としてのインフラでもある。国家のインフラが個人のアイデアで容易に崩されてしまうような事態は誰も望んでいない。

　しかしテクノロジーの急激な進歩は，こうした金融業界の歴史を飛び越してしまうことがある。サービスの変化に規制が追い付かないのだ。しかもインターネットが国境を越えたサービスを簡単に実現するプラットフォームとなったために，既成の枠を超えた金融サービスが数多く生まれている。

　たとえばビットコインを使った詐欺事件を起こしたMt. Gox社がそうだ。同社はビットコインという規制が想定していない送金プロセスを利用して，詐欺事件を起こした。また，アメリカで耳にしたレンディングビジネスの例では，投資家に25％ものリターンを約束している一方で，貸出先は中南米の貧しい諸国だったりするものもあるようだ。これは日本の多重債務者問題を想起させる問題だ。投資家に対して自動的に投資提案を作成するロボアドバイザーはこれらと比較すると地味な存在だ。だが，投資顧問業はリスク商品を一般投資家に対して推奨するという点で当局に規制されているビジネスだ。ロボットが自動的にやったからといって，投資家がどんな被害をこうむってもかまわないというものではない。

　テクノロジーの進化や時代の変遷によって金融サービスと金融ITソリューションの境界がわかりにくくなっているのは事実だ。日本でもアメリカでも金融業界ではITソリューションやオペレーションのアウトソース

がどんどん拡大している。アウトソーシングベンダーは金融機関ではないが，アウトソースの現場で行われていることは質的にも内容も金融機関と同じだ。

　野村総合研究所（NRI）もアウトソーシング企業のひとつだ。NRIは銀行や証券会社へソリューションサービスを提供している。たとえばネット証券の場合，NRIが開発したシステムがいくつもの証券会社に利用されている。投資家が実際に利用しているシステムは，NRIのデータセンターで動いている。だがNRIが金融サービスをしているかというとそれは違う。金融ITサービスに過ぎない。NRIが提供するコンピュータの仕組みの上で，金融取引をしているのは証券会社や銀行である。

　銀行や証券会社は顧客との間で貸し借りや売買といった形のポジションを持っている。金融機関にとってシステム上の数字は単なる数字ではなく，債権・債務を表している。つまりお金そのものだ。しかしながらアウトソーシング企業にとっては違う。単に役務を提供しているだけだ。単純労働の役務でも最新技術を駆使したサービスでもそれは同じだ。

　この境界は微妙なものだ。金融サービスと金融ITソリューションは時にものすごく近い存在となることがある。また新しいサービスが生まれることによって，役務と金融サービスの境界にグレーな領域が生まれることもある。

　たとえばヤマト運輸の決済代行やセブンイレブンの公共料金支払いなどは立派な決済システムであるが，ヤマト運輸もセブンイレブンも金融機関ではない。Suicaやnanacoなどの電子マネーも同様だ。お金を扱うという

意味では金融サービスだが，金融機関が提供するサービスではない。

　決済業務は為替業務とも呼ばれ，銀行法によって銀行にのみ認められるサービスだ。決済サービスを安全に提供するには相応の仕組みが必要だ。だから銀行法は銀行だけが決済サービスを提供できるよう定めることによって，利用者を保護することを考えた。けれども銀行法が想定しないような便利なサービスがいくつも出現しており，グレーゾーンとなっている。少額で，かつ政令で認められた場合には銀行以外の事業者に認められるとした資金決済に関する法律もある。決済サービスを銀行に独占させるのかどうかについては長らく議論されてきており，裁判所の判断も何度か示されているが，やや曖昧な状況が今も続いている[9]。

　アメリカではFinTechの代表格として注目されているPaypalやApple Payのような決済サービスが急速な進化をとげているが，これを決済サービスとして銀行に独占させるという議論は耳にしない。むしろ銀行はこうした新しい決済サービスを自社サービスにどうやって組み込んでいくかを考えている。

　ベンチャー企業であれば大企業に呑み込まれて部品のようになる結末よりも，金融機関とわたりあって旧態依然とした金融業界を直接改革していくといったストーリーのほうが恰好がいいし，ベンチャーキャピタルからの投資も集まるに違いない。だが金融ITソリューションを創り上げることと，金融サービスを提供することの間には大きな開きがある。アメリカでスタートした多くのベンチャー企業はやがて大手金融機関の傘下に組み

---

9　法律事務所ミライト・パートナーズ（http://milight-partners-law.hatenablog.com/entry/2015/12/16/142044）

入れられたり，大手の金融IT企業（FinTech 1.0）に買収されたりして，金融サービスの中に定着していくことだろう。FinTechは金融サービスではない。ソリューションであり，テクノロジーなのだ。

## 1-6　アメリカンバンカーのFinTech 100

　21世紀に入ると，FinTechというワードがさらに一般的に使われはじめた。アメリカの金融業界の代表的な雑誌であるアメリカンバンカーはFinTech 100という業界番付を2003年から発表している。ここでいうFinTechは金融分野のITサービスを提供するサービス事業者のことで，売上の3分の1以上を金融分野で稼ぎ出しているITサービス事業者と定義している。2003年には少なくとも100社のFinTech企業が存在したのだ。ちなみに野村総合研究所は2009年から番付にランクインしており，2015年版では9位にランクされている。金融業界に対してテクノロジーをサポートする業界がFinTech 100だ。それがどのような業界で，どんなビジネスをしているのか，理解しておくことは有益だ。

　アメリカンバンカーの定義によれば，まず金融機関そのものはFinTechに含まれない。金融機関に対してITソリューションを利用したサービスを提供している会社がFinTechだ。またFinTech 100にランクされる企業はスタートアップ企業ではない。かならずしも最先端テクノロジーを駆使したソリューション会社でもない（むしろ少ない）。十分大きな大企業も多いが，小ぶりのブティック的なIT企業も並んでいる。トップ10にランクされる企業までの売上を合計するとおよそ4兆円に達する。大きな業界であるには違いないが，金融業界や金融業界のIT費用全体と比較すれば

16

むしろバランスのとれた規模だといえるだろう。FinTechのスタートアップ企業がこのランキングに入ることをゴールとして考えているのであれば，AppleやGoogleのような巨大企業を生み出していくような業界ではない。むしろ成熟しており，外部からの参入の少ない安定した業界なのだ。

トップ10にランクされている会社を見てみよう。2015年にはじめてナンバー1にランクされたのは，インド系のITソリューション開発会社のTCS（Tata Consulting Services）（本社インド，ムンバイ）だ。2000年以降，アメリカの金融機関ではITの開発や運用を人件費の安いインドにアウトソースするケースが多くなった。特にインターネットバブルが崩壊した2001年頃，アメリカ国内の10分の1の人件費でエンジニアを雇えるインドは注目を集めた。アメリカの大企業のIT部門ではリストラが流行し，自分の部下を解雇してインド人に切り替えるミッションを受けたマネージャが大きなボーナスをもらった。インド人はアメリカで教育を受けたITエンジニアが多く，またもともと本国でも英語で教育を受けているため，アメリカ企業にとって，IT業務のアウトソース先としてはうってつけだったのだ。そうした需要を背景として，インドのIT産業は2000年以降，急成長を遂げた。インドでTCSの拠点を訪問したことがあるが，1万人は収容できようかという巨大なビルとそこに集まる膨大な人数のエンジニアがものすごく印象的であった。

TCSがFinTechランキングのトップだが，ランキング上位にはインド系のITアウトソーシング会社が多い。Infosys（本社インド，バンガロール）やCognizant（本社アメリカ，ニュージャージー）などである。インド系ITアウトソーシング会社はもちろん金融業界だけを対象としているわけではないが，金融業界向けのサービスが売上の大きな割合を占めて

| 図表1-3 | アメリカンバンカーのFinTech 100番付（トップ10企業とそれぞれの年間売上） |

（金額は単位100万ドル）

| | 社　名 | 本　社 | 売　上 | うち金融分野の売上 | 金融分野の占める割合 |
|---|---|---|---|---|---|
| 1 | Tata Consultancy Services Limited（TCS） | Mumbai, India | $15,057 | $6,223 | 41% |
| 2 | FIS | Florida, USA | $6,423 | $5,697 | 89% |
| 3 | Fiserv, Inc. | Wisconsin, USA | $5,066 | $5,066 | 100% |
| 4 | Cognizant Technology Solutions | New Jersey, USA | $10,263 | $4,286 | 42% |
| 5 | NCR Corporation | Georgia, USA | $6,591 | $3,561 | 54% |
| 6 | Infosys Limited | Banglore, India | $8,644 | $2,869 | 33% |
| 7 | SunGard | Pennsylvania, USA | $2,809 | $2,592 | 92% |
| 8 | Diebold, Incorporated | Ohio, USA | $3,051 | $2,198 | 72% |
| 9 | Nomura Research Institute, Ltd. | Tokyo, Japan | $3,390 | $1,984 | 59% |
| 10 | Total System Services, Inc. | Georgia, USA | $2,447 | $1,933 | 79% |

（出所）"2015 Fintech Rankings" アメリカンバンカー（http://www.americanbanker.com/fintech-forward/rankings/）

いる。ランキングトップのTCS売上はおよそ150億ドルで，そのうち金融機関向けの売上は41％の62億ドルである。

　これらのITアウトソーシング企業の存在は，欧米の金融業界において

きわめて大きなものだ。ITアウトソーシングでインドの労働力を利用しているのはインド系企業だけではない。IBMやAccentureといったアメリカのIT企業もインドに数万人規模のアウトソーシング拠点を設けている。またCitibankや野村證券のような大手金融機関が自前のアウトソーシング拠点をインドに保有する例も多い。

2014年度までランキングトップを維持してきたが，2015年はTCSにトップの座を明け渡して2位となったのがFidelity National Information Services（FIS）だ。同社はペイメント業務のバックオフィスアウトソーシングからスタートした老舗のFinTech企業だ。小切手文化のアメリカでは，ペイメント業務で発生する膨大なペーパーワークが金融機関の負担となっていた。ペイメントプロセッシングの合理化にはノウハウを織り込んだITソリューションと，安い人件費を使ったオペレーションが必須となる。また，バックオフィス業務は金融機関の競争力に直接関係するものではない。金融機関にとってFISへのアウトソーシングはコスト削減の有力な手段となった。特に比較的小規模な地方銀行ほどアウトソーシングは魅力的なソリューションだった。

FISは地方銀行向けのサービスを主戦場としてきた。さまざまなアウトソースサービスを立ち上げ，ITソリューションと業務アウトソーシング（BPO）をクロスセルすることによって成長し続けた。同社のペイメントプロセッシングビジネスは，いわばアメリカのドメスティックな巨大装置産業となったが，半面，同社のビジネスはグローバルとは対極のところにある。シェア拡大もクロスセルもし尽くした現在，既存事業の今後の成長に期待が持てない状況となっていた。

このためFISはペイメントプロセッシング以外の事業拡大へ向けた大型買収に踏み切った。2015年11月，FinTech 7位にランクされているSungardを51億ドルで買収したのだ。SungardはアセットマネージメントリースなどFISが手掛けていない領域をカバーするソリューション事業を持っており，FISにとっては事業の多角化といった観点で戦略的な買収となった。またSungardのソリューションビジネスはFISと比較するとグローバル展開も進んでおり，この点でもFISの戦略に合致する買収だった。

　Sungardは2005年にKKRやブラックストーンといった数社のプライベート・エクイティー・ファンドによって買収され非公開企業となった。その後，SungardはFinTech企業の買収を繰り返しながら事業規模を拡大してきた。ファンドは事業規模の拡大により収益性を向上させて再上場を狙ったのだ。しかし買収したビジネスの融合や，既存事業とのシナジー効果を発揮しているといった評価は得られなかった。成長戦略は不発に終わったといえる。現実は甘くなかったのだ。

　最近は株式市場への再上場を目指した活動を実施してきたが，結果として株式上場よりもFISへの身売りを選択する結果となった。2005年の買収金額は114億ドルだったので，当時の半額以下で売却したことになる。プライベート・エクイティー・ファンドの錬金術は失敗に終わったと見るべきだろう。

　FISのSungard買収によって，2016年にはFISがFinTechトップの座に返り咲くことになるとみられるが，FISは保守的な経営の会社だ。Sungardビジネスの取込みやシナジー効果の発揮といった点においてはプ

ライベート・エクイティーと同じ課題を抱えることになる。金融ITビジネスは顧客との関係が強いため，サプライサイドの理由で勝手にサービスを合理化したり，統合したりすることはとても難しいものだ。

アメリカンバンカーのランキングでも老舗の部類に入るFIS（2位）やFiserv（3位）などの各社は，株式マーケットの期待するような魅力的な成長シナリオを，既存ビジネスの延長線上に描けなくなっている。このため既存事業とのシナジー効果にこだわらず，買収による成長戦略を追求する傾向が強まった。したがってFinTech老舗企業による新興企業のM&Aは今後まだ増加するだろう。

トップ10には続いてアメリカの金融業界では老舗のIT企業が並ぶ。だが，日本やヨーロッパでも活躍している企業はわずかだ。FISと同様に，アメリカで実績をもったサービス事業者がヨーロッパや日本で活躍するという例は少ない。金融ITのビジネスはあまりグローバルとはいえないのだ。

日本企業では100位までに2社がランクインされている。9位の野村総合研究所は証券会社や銀行向けにシステムインテグレーションや業務システムを提供している典型的な金融ITサービス事業者だ。金融ITサービスの売上比率はおよそ60％だ。64位にランクされているシンプレックスもインターネットトレードシステムを提供する金融ITサービス事業者だ。

ランキング企業の地域別分布を調べると**図表1－4**のようになる。アメリカの雑誌の集計ということもあり，ある程度のバイアスも考えられるが，これが現在のFinTech業界の動向をおおむね示している。つまり

図表1-4　FinTech 100ランキング企業の地域別企業数

| | トップ10 | トップ100 |
|---|---|---|
| アメリカ・カナダ | 7 | 57 |
| ヨーロッパ | 0 | 25 |
| インド | 2 | 12 |
| 日本 | 1 | 2 |
| その他・アジア | 0 | 5 |

（出所）"2015 Fintech Rankings" アメリカンバンカーから筆者集計

FinTech企業の60％近くはアメリカにあり，ヨーロッパが25％，そしてインドと続く。その他のアジア各国にランキング企業はごくわずかだ。FinTech企業の分布は，各国の金融マーケットの規模，金融機関の勢力に依存しているのだ。

　FinTech業界の大きさを見てみよう。トップ10にランクされた企業の金融向け売上を合計するとおよそ4兆円だ。10位にランクされたTSYSの売上は2,447百万ドルで，そのうち金融サービスは1,933百万ドルを占める。100位にランクされたのはPath Solutionsというクウェートのエ会社だが，その金融サービス売上は22百万ドルに過ぎない。世界の金融ITサービスというと，ビッグビジネスばかりかと感じるが，100億円の売上があれば，70位程度にランクされることになる。大企業ばかりとはいえないし，しかもグローバルに金融サービスを展開している企業はむしろ少ないのだ。

　2015年10月29日付けの日本経済新聞（「FinTechの衝撃（4）周回遅れの日本」）ではイギリスのFinTechの売上が4兆円に迫るとしているが，ここでいうFinTechはどうやら既存の金融ITサービスのことだ。

FinTech 100にランクされているイギリスの会社はわずか4社に過ぎないが，アメリカ系サービス事業者のイギリス法人やイギリスにある金融機関内部のITサービスなどを加えると4兆円というマーケット規模に違和感はない。日本経済新聞は日本が周回遅れだとしているのだが，野村総合研究所などの総合研究所系企業や金融系システム開発会社の売上を合計すれば，数兆円の規模には達するはずだ。日本のFinTechマーケットも規模的には決して小さなものではない。問題は日本の金融機関や既存の金融IT企業が，アメリカのようにダイナミックで革新的な変化を遂げることができるかどうかだ。

> コラム　野村総合研究所のビジネスプロセスアウトソーシング（BPO）
>
> 　ビジネスプロセスアウトソーシング（BPO）もFinTechのひとつの有力な分野だ。TCS（FinTech 1位）やInfosys（FinTech 6位）といったインドのFinTech企業もアメリカの金融機関に向けてBPOサービスを大規模に展開している。また日本企業向けにはGEキャピタルが設立した中国のGenpact（FinTech 19位）が有力だ。日本でBPOというと，日本と中国の人件費の格差を利用したビジネスだ。金融機関はどこもコンピュータにデータを入力するパンチ業務を大量に抱えている。新規口座開設やさまざまな申込書の入力は事務センターに集められ，そしてパンチ業者にアウトソースされることが多い。中国のアウトソーシング会社はこれを安い人件費で大量にこなしている労働集約型のサービスだ。私も中国でこうしたアウトソーシング企業のひとつを訪問したことがある。狭い部屋に大勢のスタッフが詰め込まれて一心不乱にデータを入力している。部屋にひびくキーボードの音がまるで蚕が桑の葉を食べる音のように聞こえて，

やや不気味ですらあった。

　野村総合研究所（NRI）のビジネスアウトソーシングはパンチ業務のような単純労働とはだいぶ異なった背景からスタートした。90年代からNRIは資産運用会社向けに業務システムを提供しており，数十の顧客が同じシステムを利用して資産運用ビジネスに必要な基準価額の計算をしていた。日本経済新聞の投信欄に毎日掲載されている投信基準価額の80％近くはNRIのT-STARという業務ソリューションサービスを利用して算出されている。顧客の中には小規模な外資系の資産運用会社もある。スタートしたばかりの外資系企業では，基準価額計算のために十分なスタッフを配置する余裕がないところもあった。

　基準価額算出は資産運用業界の特殊な事務処理。投資信託を運用する会社は必ず毎日算出して，販売会社へ報告しなければならない。高度な専門性と正確性を必要とする業務だが，投資信託の運用成績には関係ないし，また，売れ行きに関係するような業務でもない。資産運用会社にとっては競争力に関係するものではないが，トラブルが起きると大変な問題となる種類の事務処理だ。

　あるとき，ある外資系顧客のトップから連絡があった。基準価額算出のスタッフがたまたま2人とも休暇をとってしまい，基準価額が算出できないというのだ。このままでは日本経済新聞の投信欄にあるこの会社のスペースがブランクになってしまう。そうなればこの会社の顧客に大変な混乱が起きてしまう。NRIはヘルプデスクのキーパーソンをその顧客へ送り込んだ。他のIT企業と同様，NRIもユーザの業務範囲とITソリューションベンダーとしての業務範囲をしっかりと分離している。ユーザ業務の範囲に手を出すのはご法度である。しかし事態は緊急を要する。ヘルプデスクのメンバーは日系の大手資産運用会社で同じ業務をこなしていた経験があった。そのときは先方のトップが立会いの下，NRI社員がサポートするこ

とによって業務を完了させた。日本経済新聞はブランクにならずに済んだのだ。

　これがきっかけだった。われわれは基準価額算出をBPOサービスとして提供することの検討を水面下でスタートさせた。T-STARはNRIの作ったシステムだ。考えてみればこれを使って基準価額を算出することはもちろんできる。それだけではない。得意のプロセス管理を徹底することで，事務品質を顧客よりもはるかに高めることだってきっと可能だ。しかし基準価額算出というのはれっきとした金融機関の事務だ。IT企業であるNRIが手出ししていいものだろうか。どういうリスクがあるのかわからない。

　もし仮にNRIが処理した事務において瑕疵があったとしても，金融機関としての責任をとることはできない。しかし事務処理のプロセスを綿密にチェックして，瑕疵が発生しないための努力を最大限に行うことはできる。私たちは事務処理プロセスを子細に検討し，そこから顧客に対しての約束事，サービスレベルアグリーメントを作成した。サービスはこのルールどおりに実施され，どんな品質で事務が行われているかは可視化され，顧客へ定期的に報告される。

　実際，小規模な顧客に対する事務サービスとしてスタートさせてみると，意外にしっかりとしたサービスができることがわかった。基準価額は資産運用会社が算出した結果を，資産を管理している信託銀行の計算結果と照合するプロセスがある。数値の算出に誤りがないようにするためにダブルチェックしているのだ。双方が算出する結果が異なることはあまりないのだが，何らかの原因で数値が異なることがある。そのときは双方が数値不一致の原因を調査して，どちらがエラーの原因を作ったかの確認をとる。うれしいことに私たちの算出した基準価額は，信託銀行よりもはるかにエラーが少なかった。

　私たちは徐々に対応する顧客数を増やしながら，基準価額算出の業務フ

ローを標準化していった。さらに，規模を一気に拡大するため，ある大手顧客の基準価額算出業務の担当部門を丸ごと取り込んで，NRIプロセスイノベーションという子会社を設立した。業務フローの標準化はわれわれITソリューションの専門家にとってはお家芸だ。そして標準化した業務フローを中国の大連に設立したNRI大連へ持ち込んで，大連でも同じ事務ができるような体制を整えた。今では日本の資産運用会社の半分ほどが，NRIに基準価額計算の業務をアウトソースしている。

## 1-7　FinTech 2.0がやってきた

　金融機関はこれまで自前のITインフラを持ち，インフラの競争力によって他社との差別化を実現してきた。グローバル金融機関のIT投資規模は，トップクラスのIT企業の研究開発費に比肩する。メガバンクのITインフラには，長年培ってきた独自のエコシステムが形成されており，それが金融機関のビジネスを安定したものにしている。金融機関を利用する個人顧客，法人顧客にも，また金融機関をつなぐネットワークにもさまざまなレベルのシステムが利用されており，それが今日の金融インフラだ。金融に限らずインフラビジネスはどんなものでも参入障壁が高い。インフラへの投資が膨大なものになるので，後発企業はよほどの合理性がない限り参入が難しい。

　インフラビジネスである金融業界に対して，AppleやGoogle，Amazonは本質的な問題提起をしている。「もっと効率的で，もっと便利なインフラがありますよ」と。そして旧態依然とした金融ビジネスを「Disrupt！（ぶっつぶせ）」と。FinTech 2.0がやってきた。

アメリカでは金融分野においてベンチャー企業が大発生している。FinTechのスタートアップ。テクノロジーを駆使したスタートアップ企業が目白押しだ。ニューヨークでベンチャーキャピタルの代表と話をする機会があったが，彼はFinTech分野のスタートアップ企業が世界に1,250社もあるという。そのほとんどはもちろんアメリカ企業だ。2014年にFinTechのスタートアップ企業へ投資された金額は140億ドルに達するとされる。

　1,250社ものスタートアップ企業が乱立している現状は，まさに社会現象とすらいえるだろう。こうしたスタートアップ企業は，従来からあるFinTechと区別して，「FinTech 2.0」と呼ばれている。ではFinTech 2.0はこれまでのFinTechと何が根本的に違うのだろうか。

　FinTechのスタートアップ企業や新しい金融サービスが突如として注目されるようになった背景にはいくつかの要因があると思われる。1つ目の要因は，技術的な背景としてのクラウドコンピューティングだ。クラウドコンピューティングを利用するのに膨大なハードウェア投資は必要ない。特にAmazonが提供するAmazon Web Service（AWS）は，アイデアさえあればすぐにそれを実現するシステムをクラウド上に創り上げることができる。クラウド上で利用しやすいアプリケーションを作れば，いきなり数億人，数十億人のモバイルユーザを対象としたサービスが実現できる。国境を越えてグローバルなビジネス展開をするのもすごく容易だ。だからネットベンチャーが競って利用している。FinTech 2.0にとっても少人数でビジネスアイデアを実現するために欠かせないプラットフォームとなった。

2つ目の要因は，iPhoneに代表されるモバイルプラットフォームの普及も重要だ。モバイルプラットフォームはわれわれ一般の消費者とネットとの距離をこれまでにないほどに近付けた。2000年以降に成人に達した世代をミレニアルズと呼ぶが，彼らの80％はスマホをベッドに持ち込むという調査資料がある。寝ても起きてもネットに接続されている彼らのライフスタイルは，かつての世代とは異なる。金融サービスも新しいライフスタイルにあわせたものが望まれている。

　3つ目の要因は，リーマンショック後のアメリカ社会の変化だ。そもそも金融ビジネスは規制に守られており，ベンチャー企業が参入しやすい業界ではない。しかしリーマンショックで打撃を受けた大手金融機関からIT人材が流出した結果，金融ビジネスの経験豊富な人材がベンチャー企業へ流れる結果となった。

　4つ目の要因は，ベンチャー投資の拡大だ。クラウドコンピュータのブームによって多くのネット企業が極めて短期間に成長を遂げ，巨大企業へと変身した。2012年5月にNasdaqへ上場したFacebookの時価総額は，現在，3,000億ドルに達し，日本のIT企業最大手の富士通の実に30倍となった。急成長によって利益を得たベンチャー投資家，経営者が次に目を向けているのがFinTechだ。アメリカでは年間300億ドル以上がベンチャーキャピタルからスタートアップ企業に投資されているが，その投資が急激に金融領域にシフトしているのだ。2014年にFinTechへの投資が140億ドルに達したとされており，この傾向はしばらく継続しそうだ。

第 2 章

# アメリカの
# ベンチャービジネスと
# FinTech 2.0

アメリカではベンチャービジネスの長い歴史があり，その中にFinTechブームも位置付けられる。年間300億ドル以上を投資するアメリカのベンチャーキャピタルの規模は，日本の数10倍だ。ベンチャーキャピタルが今，熱い視線を向けるのがFinTech 2.0，だから1,250社ものベンチャー企業が設立されるのだ。

## 2-1　アメリカのベンチャー投資とFinTech投資

アメリカはベンチャー投資が盛んな国だ。**図表2－1**に示したのは日米のベンチャー投資金額の推移を比較したものだ。アメリカの統計はベンチャーキャピタルの投資金額を示したもの。日本にはベンチャー投資金額を表す適当な資料がないので，ベンチャー企業の資金調達という意味で未公開企業の調達金額合計を示した。2014年の数値で比較するとアメリカではおよそ490億ドルがベンチャー企業へ投資されているのに対して，日本はわずか1,150億円（9億5,000万ドル）に過ぎない。彼我の差は50倍以上だ。

ちなみにベンチャーキャピタルの投資金額がベンチャー企業への投資のすべてではない。たとえばGoogleやIBM，Microsoftなどがベンチャー企業へ積極的な投資を行っているが，これら一般企業からの投資はここに含まれていない。またプライベート・エクイティー・ファンドやベンチャー企業へシードマネーを提供するようなエンジェル投資家からの投資も除外されている。さらに株式公開による資金調達も含まれない。2014年に公開したLending Clubは8億7,000万ドルを株式市場から調達したが，これもベンチャーキャピタル投資には含まれていない。

図表2−1　日米のベンチャー投資額と日本における未公開企業の資金調達（単位：億ドル）

（注）2015（日本）は上半期の実績を2倍した値を示した。
（出所）2015　National Venture Capital Association
　　　　ジャパンベンチャーリサーチ資料よりNRI作成

　CB Insightという会社がFinTechスタートアップ企業への投資金額を調査している。FinTechベンチャー企業へ向けた投資金額が2013年以降急激に増加していることがみてとれる（**図表2−2**）。特に2014年はベンチャーキャピタル投資が大幅に増加した年だが，ここにはFinTechへの投資増が大きく影響した。

　ここからわかるように，金融分野でのスタートアップ企業は2010年頃まで決して多くはなかった。ベンチャーマインドのある起業家にとっても，また，そこへ投資するベンチャーキャピタルにとっても金融分野は動きが

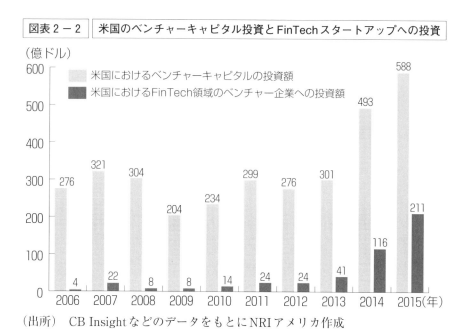

図表2－2　米国のベンチャーキャピタル投資とFinTechスタートアップへの投資

（出所）　CB InsightなどのデータをもとにNRIアメリカ作成

遅く，規制に守られているため参入が難しい領域だった。あえて金融分野でのスタートアップへチャレンジする例は比較的まれであった。このトレンドが明らかに変化したのは2013年以降のことだ。

2015年におけるFinTech 2.0企業への投資は200億ドルを上回ったものと推定される。このうちベンチャーキャピタルからの投資はおよそ半分にとどまっている。FinTech 2.0への関心が高まるにつれて，投資家のすそ野も広がっている。

## 2-2　FinTech 2.0投資の内容

　アメリカにおけるFinTechベンチャー企業への投資金額は2013年から増加傾向となり，14年には大幅に増加した。その後，2015年になってもハイペースな投資が続いた（図表2－3）。

　FinTech企業への投資は比較的小規模なものが多い。投資件数でみると25％が100万ドル以下，500万ドル以下の投資が全体の50％以上を占めている。一方で，5,000万ドル以上の投資も決して珍しくはない。投資金額で比較すると5,000万ドル以上の投資案件が一定の存在感を持っていることがわかる。

図表2－3　米国におけるFinTech新興企業投資額・件数の推移

**投資件数は漸増傾向を辿ってきたが、投資額は2013年以降に増加が加速気味**

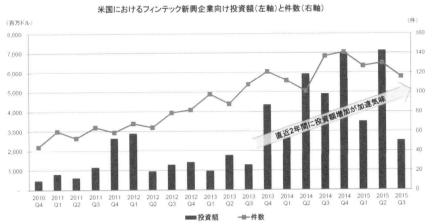

（出所）　CB Insight, SNL，アメリカンバンカー，金融機関ヒアリング等よりNRIアメリカ作成

| 図表2−4 | 米国におけるFinTech新興企業向け投資の規模 |

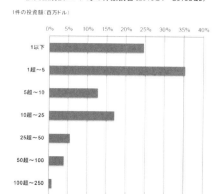
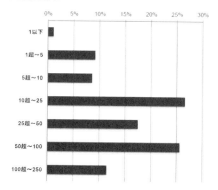

（出所） CB Insight，SNL，アメリカンバンカー，金融機関ヒアリング等より NRIアメリカ作成

　図表2−5に示したのは，FinTech 2.0企業を事業領域で分類したものだ。そもそもFinTechの定義が金融分野のビジネス全体を含むので，スタートアップ企業の事業領域も多岐にわたっている。件数で比較するとレンディング関連，保険関連のスタートアップ企業数が多いが，投資金額ではリテールバンキング関連のスタートアップに存在感がある。

| 図表 2 − 5 | FinTech 2.0の事業領域

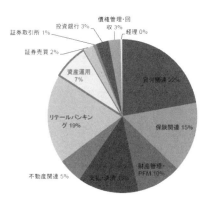
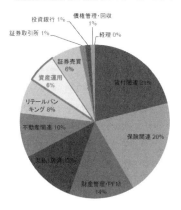

（出所） CB Insight, SNL, アメリカンバンカー, 金融機関ヒアリング等よりNRIアメリカ作成

## 2-3　FinTech 2.0をサポートする金融業界の大物たち

　スタートアップ企業をサポートする仕組みもアメリカのベンチャービジネスの独特なものだ。FinTech 2.0においても金融業界に大きな影響力をもつ業界のベテランがアーリーステージのベンチャー企業のビジネスを立ち上げるのに一役買っている。

　FinTechベンチャー企業への投資が急激に増えた背景には，金融業界の大物たちの積極的な関与がみてとれる。リーマンショック後，アメリカの金融業界は規制が強化され，金融業界の環境は激変した。また多くの大物経営者がリーマンショック後に会社を去った。彼らの中にはいわゆるエンジェル投資家としてFinTech 2.0へ投資したり，またアーリーステージの

FinTechベンチャーに投資するベンチャーキャピタルを設立した人物が少なくない。

　ファイナンシャル・タイムズは，金融業界の巨人がFinTechを支援するとして，金融業界の大物の動向をレポートした。この記事によれば，米国財務省のラリー・サマーズ元長官やモルガンスタンレーのジョン・マック元CEO，Citiグループのヴィクラム・パンディット元CEO，VISAのジョー・サンダー元CEOなどがFinTech 2.0への投資家として大きな成果をあげている[10]。

　私はベンチャー企業のスタートアップの舞台裏を探るため，ニューヨークにあるアーリーステージ専門のベンチャーキャピタルの1社，SenaHill Partnersを訪問した。創業者のニール・デセナ氏はゴールドマン・サックスでプライムブローカレージビジネスを立ち上げた業界のベテランだ。

　SenaHill Partnersでは2013年から本格的にFinTech2.0への投資を開始しており，これまでに21社へ投資を行った。基本的に設立当初のアーリーステージの会社に10〜20％程度のマイノリティ出資をしている。投資金額は50万〜100万ドル程度のことが多い。ほとんどは彼らの自己資金だ。デセナ氏は金融業界でビジネスを立ち上げてきた経験者なので，投資先の経営陣に対して事業企画から営業，マーケティングまでさまざまなサポートをしている。彼の人脈はゴールドマン・サックスのキーパーソンはもちろん，証券取引所やヘッジファンドなど幅広い。アーリーステージの若い経営者にとっては格好の指南役だ。

---

10　"Former Wall St titans shake-up banking with fintech investments" Kadhim Shubber, Financial Times, Dec. 14, 2015

同社の投資先にはブロックチェーン技術のソリューション開発，ロボアドバイザーの開発などが含まれる。スタートアップ企業のビジネスが軌道に乗り始めると，シリーズA，シリーズBと資金調達が進められることになる。SenaHill Partnersのようなアーリーステージ専門のベンチャーキャピタルは，株式公開を待たずにこの段階で株式を売却してイグジットすることが多いという。

　ベンチャー企業のスタートアップがブームとなる背景には，IT専門の学生の就職動向も関係しているようだ。かつて金融機関は理系の学生を大量に採用したが，その多くはリーマンショック後に解雇されてしまった。またIBMなどの旧来型IT企業は成長性がないとみられており，やはり学生に人気がない。スタートアップの企業に人材が集まる理由には，GoogleやFacebookの成功に続こうとする若者のベンチャーマインドの存在がある。

## 2-4　FinTech 2.0が取り組む主なソリューション

　FinTechの関係者が集まるイベントとしてFinovateがアメリカで毎年開催されている。2015年には5月と9月に開催された。Finovateにはスタートアップ企業やスタートアップ企業へ投資するベンチャーキャピタルなど，さまざまな関係者が集まる。Finovateには金融ITのスタートアップのほか，金融機関，IT企業，ベンチャーキャピタル，プライベート・エクイティー，コンサルティング会社などさまざまな参加者が来場しており，9月のFinovate Fallには1,500人が参加，過去最高の来場者数となった。

そもそもFinTechとは金融にかかわるサービスをすべて含めた言葉であるため，スタートアップ企業のサービスやソリューションの種類は多岐にわたる。会社はスタートしたがアイデアレベルの段階で，まだ具体的なサービスやソリューションができあがっていないことも多い。

サービスやソリューションの利用場面からFinTech 2.0を分類してみると以下のようになる。

## [1] リテール金融向けソリューション

銀行や証券会社のリテール顧客に対して提供されるソリューション。ネットバンクやネット証券の延長線上に位置付けられる。消費者のコミュニケーションツールがスマホ中心となり，ライフスタイルまで変化してきていることに着目し，モバイルを活用したサービスが多い。

海外送金を低コストで提供するサービス（ベンモなど）やアグリゲーションの延長で，個人の資産管理をするためのサービス（YodleeやCashEdge），資産運用のアドバイスを自動的に行うロボアドバイザー（Bettermentなど）などがあげられる。

## [2] 仮想通貨やブロックチェーンに関連したソリューション

ビットコインの仮想通貨や，ビットコインのベースとなるブロックチェーンを利用した金融機関同士の電子取引システムなど。特にブロックチェーン技術を扱うベンチャー企業は多数設立されている。

## [3] ネット決済やモバイル決済に関連したソリューション

AmazonやEBayなどのネットショッピングサイトで商品を購入するときの決済手段として広まったPaypalに代表されるネット決済は，スマホ

の普及に後押しされて急速な進化を遂げている。モバイルプラットフォームを握る，AppleやGoogleもモバイル決済のサービスを立ち上げつつある。

ネットとモバイルを利用したカード決済のSquareなどがFinTech 2.0の代表格だ。

## [4] クラウドファンディングやソーシャルレンディング

ネット上で少額の資金を集め，これをスタートアップビジネスへの投資や消費者ローンに利用する仕組み。

仮想現実社会の中のサービスから発展した消費者ローンであるソーシャルレンディングは，サブプライムローン問題やリーマンショックを経て既存の消費者ローンに十分対抗できる存在になりつつある。代表的な企業はKickstarterやLending Club。

## [5] ホールセール金融に関連したソリューション

消費者を対象としたサービスではなく，証券会社やヘッジファンドなどプロ向けのソリューションとなるためあまり目立たないが，ホールセール金融に関連したソリューションは常に金融機関の関心を集めている。かつてはヘッジファンドが利用するためのトレーディングプラットフォームや，取引所を介さないで株式を取引するPTS（Proprietary Trading System）やECN（Electronic Communications Network），高速でコンピュータが株式売買を自動的に行うHFT（High Frequency Trade）などが注目を集めた。今後はブロックチェーン技術を応用したソリューションの適用にも可能性が高まる。

カード決済のSquareやソーシャルレンディングのLending Clubなどは

FinTech 2.0の優等生だ。Lending Clubは2014年12月，Squareは2015年11月にそれぞれ株式上場を果たした。Paypalは元祖FinTechなどと呼ばれることもあるが，すでに老舗の部類に入るベンチャー企業だ。PaypalはかつてEBayに買収され，Ebayの事業部門であったが，最近のネット決済サービスの急激な変化をチャンスととらえ，2015年に再上場しEBayから独立した。

　Square，Paypal，Lending Clubの3社はITソリューションを金融機関へ提供するのではなく，直接消費者へ金融サービスを提供するビジネスモデルだ。従来の金融機関にとってはサービスが競合する可能性もあり，まさにDisruptである。既存の金融サービスを置き換える「Disruptive」なビジネスという事業戦略はベンチャー企業の投資家向けには受けた。

　一方で，最近のFinTech 2.0は金融機関や大手の金融ITサービス企業に買収されることをゴールとしているものが大半になりつつある。400社が設立されたとされるロボアドバイザーのサービスは，表向き投資家へ直接サービスを提供するスキームをとるが，彼らに直接話を聞いてみると結果的には金融機関や大手の金融IT企業（FinTech 1.0）へ買収されて，既存サービスやソリューションの部品となることをゴールとしていることが多い。ブロックチェーンの活用を目指したスタートアップ企業も同様で，証券取引所をDisruptするといった壮大な事業目標を掲げる一方で，現実には大手金融機関への採用がゴールだ。設立直後は勇ましいビジネス上の挑戦を喧伝するが，現実的で手堅いゴールをやはりFinTech 2.0も望んでいるのだ。

　衆目はSquareやLending Clubのように，既存金融機関から独立したサ

ービスを提供するFinTech 2.0の派手な姿にはインパクトがある。しかし，これから先，独立サービスの実現はさらに難しくなっていくと思われる。モバイルプラットフォームやブロックチェーンといった新しい技術的な要素がすでに広まってしまい，ユニークなアイデアを他社に先駆けて実現していくことが難しくなっているからだ。

　今後，FinTech 2.0のアイデアを実現するにはプラットフォームそのものを動かすビジネス上のパワーが欠かせなくなってくる。すなわちプラットフォームを自社で保有しているAppleやGoogle，Amazonといったメガベンチャー，それに大手金融機関の結びつきが戦略的に欠かせない要素となる。Lending ClubへGoogleが資本参加したように，金融機関やメガベンチャーの傘下にFinTech企業が組み込まれていく可能性がますます高まるだろう。

第3章

# FinTechを支える
# テクノロジー

FinTech 2.0のベースとなっているテクノロジーの変化は急激だ。しかもひとつのテクノロジーが変化の鍵をすべて握っているというものではなく，クラウドコンピューティング，モバイルプラットフォーム，マシンラーニングといったさまざまなテクノロジーが結びついて，より大きな変化が産み出されたことが特徴だ。最新テクノロジーが産み出した新たなプラットフォームを第3世代プラットフォームと呼んでいる。

　第3世代プラットフォームは単純な技術だけの話ではない。Google, AmazonそしてFacebookといったメガベンチャーのビジネスモデルを産み出したのが第3世代プラットフォームだ。IBMによって作り出された第1世代プラットフォーム，MicrosoftとIntelが君臨した第2世代プラットフォームとは違って，第3世代プラットフォームには君臨する企業やテクノロジーが存在しない。プラットフォーム上にいくつもの新しいビジネスが成立するが，それらが成長するのも，また衰退するのもかつてのプラットフォームとは比較にならないほど速いスピードだ。

　FinTech 2.0は金融ビジネスが第3世代プラットフォームにぶつかって，そこで起きている変化だと私は考えている。金融ビジネスとは，それぞれの国家の基本となるインフラであり，世界経済を支える重要なインフラだ。そのインフラが第3世代プラットフォームにあってどのように変質するのか。そこにFinTech 2.0の可能性が秘められている。

　アメリカでも巨大金融機関は動きの遅い恐竜にたとえられる存在だ。第1世代，第2世代の時代であっても，新しいテクノロジーを部品として取り込む努力をしてきたし，それによって時代にあったIT武装で自己改革をすることができた。またそうした変化を成し遂げられない金融機関は舞

台から引きずり落とされて消え去った。

　第3世代プラットフォームに直面して，金融機関はとまどっている。これまでの金融システムは他の社会インフラと切り離された金融だけの世界だった。そこでは大手の金融機関はいつも王様だった。ところが，第3世代プラットフォームは消費者の生活をすべて呑み込んだ存在になりつつある。クラウドコンピューティングをリードするAmazonや，モバイルプラットフォームを制するApple，Googleといった巨大企業が複雑なビジネスの既得権を築き上げている。彼らは金融機関にかしづいて製品やサービスを利用してほしいといってくるわけではない。

　かつては良かった。二次オン，三次オンといっていた悠長な時代であればIBMに聞いて勘定系システムを作ればよかった。インターネットの時代になってもMicrosoftやOracleがインターネットバンキングをどのように作ればいいか教えてくれた。だが今はどうか。第3世代プラットフォームの主役は1社ではない。しかもテクノロジー同士の絡み合い方は複雑だし，変化はあまりにも速い。巨大金融機関の経営者の理解をはるかに超えたスピードだ。

　FinTech 2.0の存在が金融の仕組みとサービスを，銀行の自助努力だけでそれを行っていた場合に比べて格段に深化させてきたことはまったく疑いようがないのだ。FinTech 2.0は金融機関にとって両刃の剣だ。かつてのように流れを取り込んでビジネス改革を成し遂げていくことができればチャンスになる。しかし，流れに逆らったり，動きがとまった金融機関は退場していくことになるに違いない。

## 3-1　ソフトウェアが世界を呑み込む

　世界最初のWebブラウザである「モザイク」を開発し，ネットスケープを設立したマーク・アンドリーセン氏は，Microsoftとのブラウザ戦争に敗れたのち，ベンチャーキャピタルを設立した。そして彼はFacebook，Twitter，Grouponといったネット企業へ出資して，ベンチャーキャピタリストとして大成功を収めた。そのアンドリーセン氏が2011年にウォールストリートジャーナルに寄稿した論文に書いたのが"In short, software is eating the world"である。

　「要するに，ソフトウェアが世界を呑み込んでいるんだ」

　その後のIT業界はまさにアンドリーセン氏の見立てのとおりだ。**図表3－1**に示したのは，2015年におけるIT業界の主要企業の業績をまとめたものである。

　IT業界をかつて支配していたのはIBMやHPなどのハードウェアメーカだった。しかしインターネットの時代に入るとソフトウェア企業が徐々に力をつけてくる。MicrosoftやOracleが巨大企業に成長した。そして今日はクラウド企業が登場した。Apple，GoogleそれにAmazonである。

　最もビジネスが好調なのはもちろんクラウド企業だ。クラウドコンピュータは，まさにソフトウェアの産物だ。Apple，Google，Amazonは，それぞれ異なるサービスを提供するか，実態はソフトウェアをベースとしたクラウド企業だ。Amazonはインターネットで書籍を販売する企業として

| 図表3-1 | 2015年のIT業界 | | | | | |
|---|---|---|---|---|---|---|
| | 企業名（基準月） | 売上高 $MM 直近1年 | 売上高 前年比 | 営業利益 $MM 直近1年 | 営業利益 前年比 | 時価総額 $MM (16/1/8 現在) |
| ハード | IBM (15/12) | 81,741 | −11.9% | 15,689 | −15.3% | 128,890 |
| ハード | HP (15/10) | 103,355 | −7.3% | 5,471 | −23.9% | 19,300 |
| ハード | DELL (16/1) | 52,493 | −8.0% | 2,562 | 0.6% | — |
| ハード | EMC (15/9) | 24,738 | 2.8% | 3,319 | −15.5% | 48,180 |
| ハード | Cisco (15/10) | 49,598 | 4.9% | 11,507 | 24.7% | 128,980 |
| ソフト | Oracle (15/11) | 37,473 | −3.5% | 10,315 | −31.2% | 147,210 |
| ソフト | Microsoft (15/9) | 90,758 | −0.8% | 18,110 | −33.6% | 416,730 |
| クラウド | Apple (15/9) | 233,715 | 27.9% | 71,230 | 35.7% | 537,740 |
| クラウド | Amazon (15/9) | 100,588 | 18.0% | 1,714 | 1649.0% | 284,980 |
| クラウド | (AWS) (15/9) | 24,836 | 44.4% | — | — | |
| クラウド | Salesforce (15/10) | 6,302 | 24.2% | 60 | 127.7% | 49,340 |
| クラウド | Google (15/9) | 71,763 | 10.8% | 18,379 | 14.7% | 499,560 |

（出所）　各社資料をもとにNRI作成

スタートしたが，その後，あらゆる商品を対象としたネット通販会社となり，今やその売上は年間1,000億ドルを上回る。Amazonはネット通販を支える巨大なクラウドコンピューティングのインフラを自前で築き上げたが，そのインフラを他社へ提供しはじめた。これがAmazon Web Service（AWS）というクラウドコンピューティングサービスだ。膨大な投資を必要とするクラウドコンピューティングを利用料ベースで手軽に利用することができるので，またたく間に広がった。

　Amazonはネット通販で稼ぎ出した利益を湯水のごとくクラウドサービ

スにつぎ込んだ。クラウドサービスは巨額の先行投資が伴う。あまりにも膨大に投資してきたので，AWSは赤字ビジネスだといわれてきた。ところが2015年の第一四半期に，Amazonはそれまで公表してこなかったAWSビジネスの収支を公開した。同時に，AWSビジネスが黒字に転換したことを発表した。長く赤字だったAWSが黒字転換したことは業界に衝撃を与えた。先行投資の大きいインフラビジネスは，いったん黒字化すると安定した収益を生む構造があるからだ。そして第二四半期に発表されたAWSの収支はさらに大きな衝撃を業界に与えた。売上の対前年成長率は81％を記録し，しかも売上で7％に過ぎないAWSビジネスが，Amazon全社の利益の52％を稼ぎ出したのだ。いかに高い収益性をAWSのクラウドサービスが実現できるかを，誰もが思い知ったのだ。

　Amazonに次ぐ成長率を達成したのもクラウドコンピューティングに関係した企業だ。Appleは対前年比27.9％増の成長を記録し，株式時価総額およそ5,400億ドルの今や世界最大の企業となった。AppleはもはやIBMやHPのようにシンプルなハードベンダーではない。売上や利益の大半は「iPhone」が稼いでいる。iPhoneのモバイルプラットフォームとiTunesを組み合わせたAppleのエコシステムは今や巨大なインフラだ。今やAppleは株式時価総額で世界最大の企業となったが，それでも20％以上の売上成長を継続しているのだ。

　対前年比10.8％増の米Googleや同24.2％増のSalesforce.com（SFDC）の両社もクラウド企業だ。Googleは全く成長に陰りが見えない。Googleの時価総額はおよそ5,000億ドルで，IBMのほぼ4倍，Microsoftをも上回った。インターネットを利用するときにいつも身近にあるGoogleだが，Googleに金を支払った経験のある人は少ないに違いない。知らず知らず

にGoogleなしには生きられないようになっている．まさにインフラだ．

　SFDCはエンタープライズ市場にフォーカスをしているクラウド企業という点で注目を集めている．この会社は従来，ソフトウェア会社がパッケージソフトとして提供していた業務アプリケーションをクラウド上で利用できるようにした．Software as a service（SaaS）のサービス会社として最も成功している．ユーザ企業は自前のコンピュータを持たず，すぐにアプリケーションを利用できるので，日本でも一定のユーザ層を獲得している．

　一方，かつてIT業界の主役だったハードウェア企業は不振が目立つ．直近四半期の決算を見ると，IBMが−11.9％，HPは−7.3％の減収を計上している．ハードウェアビジネスを長くリードしてきたこの両者はクラウド化の波に乗り切れず，苦戦を続ける．IBMはパソコンから撤退しただけでなく，ストレージ装置やPCサーバの事業も売却してしまった．ストレージ装置の専門ベンダーとして急成長を遂げたEMCも，パソコン大手のDELLコンピュータに買収された．DELLコンピュータは決算を公表していないが，若干の減収だったと推定されている．

　ソフトウェア会社でも旧来型の企業は低成長に直面している．MicrosoftやOracleは企業のITマーケットを独占する巨大ソフトウェア企業だが，今やIT企業の王者もクラウドビジネスへの取り組みが最大の経営課題となった．

　「シリコンバレーがやってくる（Silicon Valley is coming）」はIT業界で今年，とても注目された言葉のひとつだ．いったのはJPモルガンチェ

ースのダイモン会長だ。

　この言葉はテクノロジー企業に侵食される金融機関の危機感を現すとして注目された。ここでいう「シリコンバレー」はHPやIBMを意味するのではない。むしろダイモン会長の言うシリコンバレーに最もビジネスを侵食されているのが，彼ら「旧シリコンバレー」の企業なのだ。

　6月にシアトルのAWSを訪問したときに，印象的だったやり取りがある。「AmazonはIaaSを中心に展開するのか，それともPaaSやSaaSが重要なのか」と聞いたところ，経営幹部の一人がこう答えた。

　「AmazonはAWSソリューションをIaaSだとか，PaaSだとか分けて考えていない。必要なものを作っているだけだ。けれどもAmazonがソリューションを新しく製品化すると，いつのまにか競合企業が同じものを製品化してくる。AWSはIaaSでもなければPaaSでもない。AWSはAWSだ。」

## 3-2　既存ビジネスをぶっつぶす

　ソフトウェアが呑み込もうとしている世界はIT業界だけではない。ネットを活用したビジネスでさまざまなベンチャー企業が世界を変革していこうとしている。クラウドブームの中で急成長を遂げている大企業や，そこを目指すスタートアップで重要なキーワードが「Disrupt」だ。日本語にすれば「ぶっつぶす」といった意味だ。クラウドの恩恵を受けて成長するスタートアップ企業は，従来のビジネスモデルや既存ビジネスを「ぶっつぶす」ことを狙っている。

ネットベンチャー企業に会社の説明を聞く機会が何度もあったが，必ず彼らは自社の成長ストーリーに「Disrupt」を使う。ぶっつぶす相手が大きければ大きいほど成長ストーリーが立派なものになる。すると投資家から資金が集るようになり，優秀な人材も集まってくる。

　ぶっつぶされる「敵」は旧態依然とした古い企業や業態，つまり既得権益者たちだ。Amazonは自らが旧勢力をぶっつぶすプレーヤであるだけでなく，AWSを武器にしてAmazonと一緒に敵を「ぶっつぶす」パートナーを求めている。

　そうした「ぶっつぶす」パートナーの代表格が動画配信サービスのNetflixだ。同社はAWS上に世界最大の映像ビデオのデータベースを構築した。同社の競合はビデオレンタルのBlockbasterだったが，AWSを利用したサービスは価格が安いうえにユーザの好みを分析して，好みに応じた番組を紹介してくれる。何よりもわざわざ店舗まで行ってビデオディスクを借りてくる必要がない。このため，またたく間に普及してしまった。その結果，ビデオレンタル最大手のBlockbasterは倒産してしまったのだ。まさに破壊的（disruptive）なサービスだ。先ごろ，Netflixは日本市場へも上陸してサービスを開始した。

　同様にリムジンの配車サービスであるUberも破壊的（disruptive）サービスとして名高い。アメリカでは本当に便利なサービスとして定着している。スマートフォンに無料のアプリをダウンロードして，配車を頼むと数分で立派な自家用車が迎えにきてくれる。あとは目的地まで乗車して降りるだけ。運賃はアプリに登録したクレジットカードから引き落とされ，どこからどこまで乗車したかを示す地図付きの領収書がメールで送られて

くる。タクシーに乗るよりもはるかに安いし，車もきれいで快適だ。

　Uberから送られてくる車はUberの所有物ではない。ドライバーは通常の個人で，普通は別の仕事を持っている。彼らはUberに登録して，自分の空いている時間だけドライバーとして仕事をする。自分の車を使う分，タクシーの運転手をするよりも実入りはいいのだそうだ。ちなみにUberはドライバーの車がきちんと整備されているかをチェックしている。

　Uberは日本にも上陸したが，日本ではタクシーに関する規制のためにビジネスを伸ばせずにいる。旅客を乗せるためには自動車の二種免許が必要だし，タクシーとして登録された車以外は白タクとして旅客営業を禁止されているからだ。

　NetflixもUberもAWSのパブリッククラウドの恩恵を受けている。かつてネットビジネスをスタートさせるには，膨大な設備投資が必要だった。だがこの両社はAWSを利用することで，大きな設備投資抜きにしかも急激にビジネスを立ち上げることができたのだ。AWSはグローバルなインフラだ。だからアメリカでスタートさせたビジネスを一気に世界中に広めることもできる。

## 3-3　第3世代プラットフォーム

　アメリカではクラウドコンピューティングをはじめとした最新テクノロジーを議論するときに，「第3世代プラットフォーム」といういい方をされることが多い。第3世代とは，コンピュータが出現してからこれまでの

世代のことをいっているが，コンピュータをひとつの製品や技術に閉じたものとして扱っているのではなく，コンピュータ上で動くアプリケーションや社会システムまでをも含めてプラットフォームとしている点が興味深い。

第1世代プラットフォームはメインフレームコンピュータのことだ。IBMはメインフレームコンピュータを企業に普及させ，情報化社会の基礎を作った。この時代，企業システムを利用するには「コンピュータ端末」と呼ばれていた高価な端末装置を使う必要があった。80年代の終わりには大企業という大企業にメインフレームコンピュータが導入されていたが，コンピュータを利用するのは特殊な専門家や会計など業務システムを利用する人に限られていた。全世界でコンピュータの利用者は数百万人に過ぎなかった。

図表3－2　第3世代プラットフォーム

| | 利用スタイル | 対象ユーザ | Application | ビジネス |
|---|---|---|---|---|
| 第1世代プラットフォーム ホストコンピュータ | 3270端末 | 企業内ユーザ（数百万） | DB2／PL1 | 銀行勘定系ATMネットワーク |
| 第2世代プラットフォーム クライアントサーバシステム | WindowsPC | デスクトップユーザ：Information at your finger chip（数億） | 電子メール Office クライアントサーバシステム (Oracle, Weblogic) | ネットバンク・トレーディング（企業が提供するソリューションをユーザが直接利用） |
| 第3世代プラットフォーム クラウドコンピューティング | デスクトップ モバイル IoT | すべてのユーザ，グローバルな広がり（数百億） | SNS Cloud DevOps | Netflix, Uber（クラウド上で利用可能なサービスをつなぎあわせることで，新しいエコシステムを実現） |

第3章　FinTechを支えるテクノロジー

金融機関の基礎となるインフラはほとんどが第1世代プラットフォームをベースとしている。普通預金口座などの口座システムや，ATMなど，金融機関の基本的なサービスは第1世代プラットフォームによってあらかた生まれたといってよい。

　第2世代プラットフォームではパソコンが普及して，企業システムはクライアントサーバ方式のものとなった。この時代は1人1台のパソコンが普及した結果，企業内のすべての従業員がコンピュータを利用するようになった。さらにインターネットの普及によってパソコンの普及台数は増加し，家庭でもコンピュータがあたり前に使われる時代が到来した。

　第2世代プラットフォームはIBMなどのメインフレームコンピュータメーカが独占していたコンピュータ技術をオープンなものに開放した。電子メールやWebブラウザを誰もが利用するようになり，その結果，コンピュータの利用者は第1世代プラットフォームより二桁増えて，数億人となった。

　金融機関は第2世代プラットフォームを利用して新しいサービスを拡大した。インターネットを利用したネットバンクやネット証券，コンビニエンスストアでも利用できるようになったコンビニATMなどは，第2世代プラットフォームの恩恵を受けてできあがったといえる。

　現代は第3世代プラットフォームの時代だ。iPhoneに代表されるモバイルデバイスの普及により，ネットワークの利用者は飛躍的に増加した。消費者がネットを利用するのにわざわざパソコンを利用する場面は少ない。モバイルデバイスからのアクセスが大半だ。さらに自動車などの装置や機

械もネットワークに接続するIoT（Internet of things）がネット利用者の増加を加速している。第3世代プラットフォームの利用者数は第2世代よりもさらに二桁増加して，数百億に達するものと推定されている。

プラットフォームが交代するたびにIT業界は大きな変化を遂げたが，変化したのはIT業界だけではない。二桁の利用者数の増加は単に量的な変化だけでなく，質的な変化を産み出している。新しいプラットフォームにはそのプラットフォームに即したアプリケーションがあり，その作り方も過去のプラットフォームとは異なっていく。さらにプラットフォーム上に創り上げられたビジネスの競争にもプラットフォームは影響を及ぼしていく。

第3世代プラットフォームのプラットフォームとは，クラウドコンピューティングとかモバイルといった技術的なものではない。ビジネスを動かすプラットフォームという意味だ。第3世代プラットフォームとは，スタートアップ企業であっても極めて短時間で大きな成功を収めることができるいわばビジネスの器なのだ。

プラットフォームはビジネスの姿をすっかり変えてしまう力を持っている。第3世代プラットフォームにはプラットフォームの特性にあわせた金融サービスが競争力を持ち得る。NetfilxやUberが既存産業をぶっつぶしていったように，新しい金融サービスが競争力をもって既存金融機関をぶっつぶす可能性，それが第3世代プラットフォームによって実現可能になっているのだ。

## [1] モバイルプラットフォーム

　モバイルプラットフォームのコンセプトを革新的に変化させたのはAppleコンピュータのiPhoneだ。2007年に製品化されたこの携帯電話がコミュニケーションツールを超えた存在となり，さまざまなエコシステムの中心的存在となっていくことを私は当時理解できなかった。

　iPhoneはそれまでのモバイル機器と決定的に異なっていた。ブラックベリーや日本のガラケーでも電子メールを見たり，ブラウザを利用することは可能だ。しかしパソコンとデータを同期するにはUSBで接続したり，特別なソフトをインストールする必要があった。それをiPhoneはほとんどワンクリックでできるようにした。しかもいろいろなセンサーを搭載して，それを使いこなせるアプリケーションをApp Storeを通じてどんどん配布した。GPSを使って位置情報を利用できるようにし，カメラ用のイメージセンサーで静止画や動画を取り込み，指紋認証センサーで本人確認を容易に行えるようにして，それらを利用するアプリケーションの中心にモバイルプラットフォームとしてのコミュニケーション機能を据えた。

　デジカメでとった写真はわざわざプリントするか，苦労してパソコンにアップロードしないと仲間と共有はできない。誰もがデジカメに指したままのメモリーに膨大な写真の蓄積を無為にため込んでいることだろう。けれどもiPhoneでとった写真はそのままコミュニケーションのコンテンツに早変わりする。USB接続も必要ないし，特殊なパッケージソフトもいらない。必要なのはFacebookのアプリから「写真」のアイコンをクリックするだけだ。iPhoneの内蔵カメラで撮影した写真とFacebookやTwitterなどのSNSを組み合わせることで，ユーザのコミュニケーション

は格段にレベルアップした。

　現在，iPhoneに搭載されているセンサーはGPSや内蔵カメラに加え，動きを感知するための三軸ジャイロ，加速度センサー，周囲の明るさや物体を検知する環境光センサーや近接センサー，気圧計などが含まれている。どれもみなジョギングやサイクリング，旅行といったユーザの体験をコミュニケーションにつなげる道具立てだ。

　Webサイトを作る仕事に関係した人ならば必ず気にしているのがページビュー，つまりそのサイトに外部からどれだけのアクセスがあったかを示す数値だ。この数値はWebサイトのいわば視聴率だ。いかに凝ったコンテンツを作成しても，ページビューが小さければ何の意味はない。大勢からアクセスされてはじめてWebサイトには価値がある。Webサイトにページビューが集まると，それ自体が価値を生む。多くの無料サイトはページビューを集めて広告収入を得て，それによってサイトの収益を生み出す。ページビューはWebサイトがどれだけ多くの不特定多数の人々の時間を占有したかを示す値だ。ページビューはインターネットにおける共通の価値観であり，貨幣だ。Yahooが検索エンジンで作りだしたページビューがYahooに広告宣伝ビジネスをもたらし，それを検索エンジンの性能と使いやすさでGoogleが奪い取った。そして人々の時間はテレビからインターネットへ大きくシフトした。

　iPhoneが発売されたときにまったく気付かなかったことだが，AppleがiPhoneの製品化当初から狙ったのは，1人のユーザの時間をできるだけ多く占有することを目指したのではないだろうか。つまり個人のページビューをアップさせてユーザの時間を占有することが，Appleのモバイルエ

コシステムのゴールだったのではないか。だからそれに気付いたGoogleはどうしてもアンドロイドを開発してAppleに対抗する必要があったのだ。

　1人のユーザが電話する時間はわずかだ。毎日，1時間も電話をする人がいたとしたら相当なものだ。しかし人とのコミュニケーションにあてる時間は電話の会話にあてる時間の10倍はあるだろう。それでもコミュニケーションしている時間はせいぜい数時間に過ぎない。

　iPhoneにあるアプリケーションは，コミュニケーション以外にユーザの生活のさまざまな場面で利用される。そこから生まれたコンテンツがiPhoneを通じてユーザ同士のコミュニケーションを豊かにする。そうしてiPhoneはユーザのすべての時間を占有していく。あなたがiPhoneを持っているならば，きっと寝るときにも枕元にiPhoneが置かれているのではないだろうか。寝ている間もあなたの時間はiPhoneに占有されているのだ。

## [2]　エコシステム

　第3世代プラットフォームはIT業界の構造を変えた。第2世代プラットフォームの企業戦略だったアライアンスに代わって事業戦略上重要となったのはエコシステムだ。エコシステムを日本語に翻訳すれば生態系ということだ。この言葉はケーレツやアライアンスの発想から生まれてきたものに違いないが，ケーレツやアライアンスをもう一段進化させたかたちだといえる。

　IT業界において，今やエコシステムははやり言葉だ。エコシステムは多様な企業がひとつのプラットフォーム上に共存共栄で事業拡大していく

姿を示している。老舗のIT大手企業へいっても，またスタートアップのベンチャー企業へいっても「当社のエコシステムは…」というプレゼンテーションを聞かされることになる。エコシステムというキーワードを誰が考え出したかは定かではないが，誰もがわかりやすくエコシステムという言葉を理解できたのはAppleの戦略によるものではなかったかと思う。

Appleの創業者，スティーブ・ジョブスはMicrosoftとの競争に敗れて一時期Appleから去ったことがある。Appleの業績は低迷し，倒産寸前で競争相手のMicrosoftから出資を受けるといったところまで追い込まれた。最悪の状況下でAppleに戻ったジョブスの起死回生策がエコシステムだった。

Appleは2001年にiPodを発売しiTunesによるコンテンツ配信を開始した。この2つを組み合わせることで，音楽コンテンツの流通に革命を起こした。iPodとiTunesは世界で最初の「第3世代プラットフォーム」である。このプラットフォームは膨大なユーザを擁して，プラットフォーム上でさまざまなプレーヤが自分のビジネスに挑戦する機会を与えている。「クール」なiPodのユーザはまたたくまに増加し，当初，著作権問題を理由に静観していた音楽業界もiTunesを無視できなくなり，今では最も重要な販売チャネルとしてAppleのプラットフォームを利用している。

次いでAppleは2007年にiPhoneを製品化すると，Appleのエコシステムとプラットフォームはコミュニケーションツールに変化した。いつも持ち歩いているモバイルの特徴を生かして，SNSやさまざまなサービスがAppleのプラットフォーム上でビジネスを創り上げた。AppleはFacebookともGoogleとも共存共栄の関係を構築している。

| 図表3-3 | ケーレツからエコシステムへ |

- ◆20世紀型企業
  - グループ内に優れたリソースを取り込んで，ヒエラルキー型組織で競争（ケーレツ）
  - 下部の情報が上部へレポートされ，意思決定される
  - ビジネスが多岐にわたるにつれて意思決定が遅延
  - Ex. トヨタ，日立製作所など

- ◆21世紀型企業
  - プラットフォームを共有し，対等の関係を作って得意なところでそれぞれがリスクテーク
  - 双方向に情報が共有され，それぞれがリスクテーク
  - それぞれの企業が得意領域にフォーカスしているので，意思決定が迅速
  - Ex. AWS, Netflixなど

**グループ内の情報の独占が不可能になった**

　エコシステムはケーレツの進化した姿だ。ケーレツでは企業同士の関係が垂直なので，最終的な意思決定はすべて頂点の企業にゆだねられる。頂点が判断を誤れば，ケーレツ全体が影響を受ける。

　それに対してエコシステムではすべてのプレーヤが独立している。エコシステムに参加するプレーヤは，自分のやりたいことにあわせて最適なプラットフォームを選択しているだけで，そこに拘束されているわけではない。プラットフォームがいろいろなチャンスを提供してくれるので，自らのやりたいことにフォーカスし，とがった事業戦略を実現できる。

　ケーレツの中では重要な戦略的情報が共有されている。たとえば新製品の販売計画を共有して部品メーカはそれに応えるための努力をしている。戦略情報の共有はケーレツの競争力の根源であった。ところが今では共有すべき情報が多様なものになり，しかもリアルタイムに変化していくよう

になった。このためケーレツの情報共有の仕組みよりも，プラットフォームを共有したエコシステムにおける情報共有の競争力が高まったといえる。

　今や，事業戦略の最も重要なキーワードになったともいえるエコシステムだが，第3世代プラットフォームと同様，どうも日本のビジネスマンには理解されにくい。日本の社会構造はケーレツと同様に垂直で，上下の関係が固定化しやすい。右肩上がりの成長期には問題はないが，現代のように競争による変化が業界を動かしていくような時代になると，上下の関係が固定化しているケーレツは対応力が弱い。大企業では下からあがってくる情報に上の組織が追い付かなくなっている。反対に下の組織はビジネスの全体像がつかめず，危機意識を持つことができなくなる。かつて米国企業がケーレツを学んだように，日本企業が第3世代プラットフォームやエコシステムを学ぶことは不可欠な時代になっている[11]。

---

| コラム | ヤングレポートとケーレツ |

　筆者が社会人となった1980年代は日米経済摩擦の真っただ中にあった。貿易赤字と財政赤字の双子の赤字に悩んだアメリカ政府は，HPのCEOだったヤング氏を委員長とする競争力強化委員会を設置し，産業競争力を強化するための方策をまとめたヤングレポートを作成した。ヤングレポートはその後のアメリカ産業政策のベースとなっている。

　ヤングレポートを作成する過程でアメリカは日本企業を徹底的に調査した。日本企業の強みの源泉とされたもののひとつが「ケーレツ」だ。この

---

11　楠真「エコシステムで日本が勝てない理由」日経ITpro, 2015.7.21（http://itpro.nikkeibp.co.jp/atcl/column/15/060800143/071400006/）

言葉は広く普及して，今でもそのまま英語として通じるキーワードとなった。アメリカ企業にとって伝統的な戦略は垂直統合だった。たとえば石油元売りのExsonは油田から製油所，さらにガソリンスタンドに至るまで流通過程をすべて傘下に収めることによって巨大企業として君臨した。またIBMもメインフレームコンピュータに必要な部品はすべて，OSやデータベース，そして半導体やハードディスクに至るまで内製化した。

ところが日本企業は垂直統合に代わる戦略をとっていた。それがケーレツだ。資本関係を持たないゆるい関係の中で情報が共有されている。ケーレツは最終製品のメーカを頂点として，部品を供給する協力会社が互いに競いながら共存共栄を実現している。バブルの絶頂期にあった日本は「ジャパン・アズ・ナンバー1」などと囃されて有頂天になったが，アメリカの経営者はケーレツを自社の経営にいかすための方策を考え続けた。

代表的な例がIBMのパソコン，IBM PCだ。IBMはPCビジネスへ参入するにあたり，それまでの垂直統合戦略を覆し，重要な戦略部品を他社に依存する戦略をとった。IntelのCPUとMicrosoftのOSである。

当時，Appleのパソコン，Apple IIが急速に販売を伸ばしており，放置すればIBMの事業戦略に影響を及ぼすのは明らかだった。IBMは戦略部品をMicrosoftとIntelに発注することによって製品化までの時間をかせいだ。同時にIBMは両社が同じ部品を他社へも販売することを容認したため，IBM PC互換機のマーケットの創出につながった。この戦略は結果的にIBMにとって失敗だったかも知れないが，MicrosoftとIntelのパソコン文化を築く大きなきっかけとなった。またこれ以降，コンピュータ業界ではケーレツに似た企業連携が常識となった。

第2世代プラットフォームの時代のキーワードはアライアンス，提携だった。IBMによる垂直統合型のビジネスモデルが崩れた結果，どのITベンダーも1社だけで顧客の必要なものすべてを提供することはできない。

> このため90年代以降，ITベンダーは事業戦略としてアライアンスを多用した。HPとOracle，あるいはEMC，Cisco，VMWareなど，業界には注目を集めたアライアンスがいくつもできあがった。

## 3-4　SOAとAPIエコノミー

　第3世代プラットフォーム上のさまざまなアプリケーションが連携しあうことによって豊かなサービスやソリューションを実現し，それがエコシステムの基盤となっている。アプリケーションやソリューションが連携しあうための仕組みがSOA（Service Oriented Architecture）とAPI（Application Programing Interface）だ。そもそもソフトウェアエンジニアの使う専門用語だったSOAとAPIだが，これがエコシステムでつながる第3世代プラットフォームの重要な役割を果たすようになってしまった。第3世代プラットフォーム上のサービスはAPIを使うことでいとも簡単につなぐことができる。エコシステムとエコシステムをつなぎあわせる接着剤の役割を果たしているのがAPIだ。APIがビジネスとビジネスを結び付ける姿から，APIエコノミーという言葉も生まれた。

　SOAとはコンピュータの専門用語で，オブジェクト指向技術の延長線に位置付けられる。この技術の歴史は古く，2000年にMicrosoftがWindows.netと呼ばれるソリューションを製品化した頃にさかのぼる。SOAによってインターネット上のアプリケーションが「サービス」として機能するようになる。Webアプリケーションをサービス化するので，Webサービスと呼ばれた。

SOAを利用することによって，外部のアプリケーションからそのアプリケーションを呼び出すことができる。つまり外部アプリケーションからみると呼び出されたアプリケーションがあたかも自前の部品のように機能するのだ。呼び出すときのプロトコル，つまりサービスをつなぐ役目がAPIだ。

　もともとは自前で作った複数のプログラムを連携する役割として利用されていたAPIだったが，インターネット上でソフトウェアサービスを提供する企業が，自社サービスのAPIを公開したことから，複数の企業が提供するサービスをつなぐ役割，つまりインターネット上でビジネスとビジネスをつなぐドアのような役割を果たすことができるようになった。

　APIはいわばインターネットへ向けたドアのようなものだ。**図表3－4**に示したのはFoursquare飲食店やプレイスポットの検索サービスアプリからリムジンを配車するUberのアプリを呼び出す仕組みを図解したものだ。Foursquareのスマホアプリには"Ride there with Uber（ここでUberに乗る）"というアイコンが組み込まれているが，ユーザがこのアイコンをクリックすればAPIを通じてFoursquareからUberへユーザの位置情報が連携され，Uberからはそのユーザの近くで配車可能なリムジンのリストが返される。

　Foursquareはリムジンの配車サービスを自前で準備せずとも，自社のアプリにUberの機能をそのまま組み込むことができる。ソフトウェアがそのまま利用できるだけではない。実際にリムジンの配車業務をアウトソースできるわけだ。しかもユーザがFoursquareを経由してUberを利用すれば，UberからアフィリエイトGGという手数料が受け取れる。APIを

| 図表3－4 | UberとOpenTableのAPIを呼び出すFoursquareのスマホアプリ |

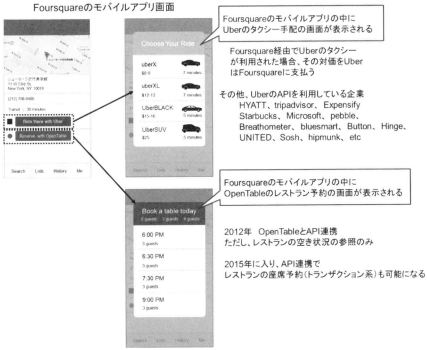

（出所） https://developer.uber.com/showcase/ を参考にNRI作成

通じてソフトウェアが連携しているだけではなく，ビジネスとビジネスがつながっているわけだ。

APIを利用して画面が移るだけではない。サービスからサービスへさまざまな情報を引き継ぐことができる。そのユーザのクレジットカード番号のような情報や，趣味や性格にかかわる情報だってAPIを通じてやりとりすることができるわけだ。

今や第3世代プラットフォーム上では，APIを公開して，他社のアプリケーションから自社のサービスを呼び出すことができるようにするのがあたり前の世界になってしまった。Facebookのように，ユーザをひきつける力が強く，膨大なユーザIDを持つサービスから自社のサービスを呼び出して利用することができるようにしてもらえれば，ユーザを自社で労力をかけて獲得せずとも，一気にFacebookのユーザすべてに自社サービスを利用させることができるからだ。

　またFacebookの側からしても，アプリケーションやサービスをすべて自前で開発するのはとても馬鹿げた労力がかかる。それならばAPIで連携したサービスを自社のプラットフォーム上で利用することができれば，プラットフォームの機能を労せずして向上させることができるのだ。

　一方で課題もある。セキュリティー管理の甘いサービスが存在すると，そのAPIの脆弱性を利用して，そこからサービスを乗っ取ったり，個人情報などの情報を漏洩させたりすることができてしまう。APIのセキュリティー管理の高度化とAPIの標準化へ向けてさまざまな活動が行われているが，こうした活動の成果によってAPI標準化が進めば，第3世代プラットフォームとエコシステムの仕組みはさらに強力なものに発展するだろう。

## 3-5　デジタルトランスフォーメーション

　既存企業もぶっつぶされるのを黙って待っているわけではない。もちろん金融機関も「シリコンバレーがやってくる」といったJPモルガンチェ

ースをはじめ，アメリカの大手銀行はFinTechの取込みに躍起になっている。金融機関だけの話ではない。自ら100年の歴史を持ったビジネスモデルを変革して，ソフトウェア会社になろうとしている企業もある。

第3世代プラットフォームの効果を最大限に発揮させて，ビジネスモデルを変革する。すべてを呑み込みつつあるソフトウェアの中に自ら飛び込んでいく戦略，それがデジタルトランスフォーメーションだ。

デジタルトランスフォーメーションの代表格がジェネラル・エレクトリック（GE）だ。GEはかっての花形であったGE Capitalをはじめとした金融ビジネスを売却して，製造業の原点に戻ることを表明している。しかし昔ながらのハードウェア企業を目指しているのではない。GEのゴールはソフトウェアを事業の中核にするというものだ。GEが目指すのはインダストリー・インターネット。AmazonやAppleが既存産業を「ぶっつぶして」いったように，製造業も第3世代プラットフォームに呑み込まれていく。だからGEは自ら既存のビジネスモデルを壊し，インダストリー・インターネットを中核とする事業モデルを創り上げようとしている。ソフトウェア開発をすべてアジャイル開発に移行させるため，クラウドアプリケーション開発のPivotalに1億ドルを出資したかと思うと，自社データセンターを大幅に削減し，AWSを全面的に採用するなど，変革は大胆だ。すべてのGE製品にIoTを組み込んで，そこから生まれる膨大なデータを新しいサービスに活かしていく計画だ。GEの目指すのは，製造業全体のOS，Microsoftだ。

ソフトウェアの時代にあわせてビジネスモデルを変革していく。これがデジタルトランスフォーメーションだ。大企業にとって痛みを伴うデジタ

ルトランスフォーメーションという変革を自ら選択できるかどうか。すべての企業が選択を迫られている。

## 3-6　クラウド戦争

　一時はどのIT企業もクラウド，クラウドといっていたが，AmazonのAWSはまったく別格だ。その競争力の根源は低コストのサービス価格だけではない。クラウド上に用意されたさまざまなサービスが重要だ。AWSには年間500以上ものソリューションサービスが新たに追加される。そうしたソリューションサービスの多くは他のクラウドサービスでは利用できない。

　NetflixやUberなどがAWSを利用したネット企業として有名だが，AWSの先進的なユーザはAWSのソリューションサービスを利用することによって，またたく間に自前のソリューションを創り上げることができる。AWSのクラウドソリューションの競争力が，ネット企業をAWSへ集め，ノウハウが共有され，そしてさらに発展していく。AWSは自社のクラウドサービスを利用するネット企業と共生しているのだ。

　2015年という年は，クラウドコンピューティングが本格的に企業向けITマーケットに入り始めた年だといえるだろう。クラウド戦争がネット企業からいよいよ企業システムの世界にも浸透し始めたのだ。AWSと既存ITベンダーの競争が火花を散らしている。

　Amazonのクラウドサービスは他社を大きく先行しているが，既存の

IT企業も黙っているわけではない。Amazonに対抗したクラウドサービスでAWSを迎え撃とうとしているのがMicrosoftとOracleだ。このエンタープライズITマーケットの巨大ソフトウェアベンダーは自社の製品ラインを全面的にクラウドベースへ切り替える戦略を大胆に開始した。それぞれAWSに対抗するクラウドサービスを完成させる考えだ。

　Microsoftはパソコンで使うExcelやWord，電子メールのExchangeといったOfficeシリーズを全面的にOffice 365というクラウドサービスへシフトしようとしている。Excelを使いたければMicrosoftのクラウドにログインするのだ。カリフォルニアでMicrosoftのクラウドの利用をサポートしている会社の経営者によれば，この2年間で70％程度の顧客がクラウドベースのサービスであるOffice 365へ移行してしまったという。MicrosoftはさらにAWSに対抗したAzureというクラウドサービスに力をいれており，既存の企業ユーザの取込みを図る戦略だ。気付いた頃にはほとんどの大企業がMicrosoftのクラウドサービスをごく自然に利用しているということになるだろう。これまでMicrosoftのソリューションを企業に導入してきたパートナー企業もクラウドをベースとしたビジネスへ転換を迫られている。

　OracleもAWSへの対抗心を隠さない。Oracleは2015年10月にサンフランシスコで開催されたOracle Open Worldにおいて，AWSに対抗するOracleクラウドの計画を大々的に発表した。金融業界で利用されているミッションクリティカルな業務システムはOracleのデータベースソフトを利用していることが大変多い。Oracleは金融機関など，Oracle製品を多用している業務システムユーザが利用しやすいクラウドサービスを創り上げるというソリューション戦略にフォーカスしている。

パブリッククラウドをめぐるクラウド戦争は，世界のIT業界を揺るがす出来事だ。MicrosoftやOracleだけではない。IBMもクラウド大手のSoftlayerを買収して，AWSへ対抗しようとしている。クラウドコンピューティングの基礎となる仮想化技術のリーディング企業，VMwareが提供するVCloud Airも注目に値する[12]。一方，自前のクラウドサービスであるHellionに投資をしてきたHPは，投資負担に耐えかねてクラウドサービスからの撤退を発表した。クラウド戦争に勝つか負けるかで，IT企業の生き残りが決定するといっても過言ではないのだ。

## [1] クラウドネイティブ

クラウドの上で動くソフトウェアには2つの種類がある。はじめからAWSなどのクラウド上で開発されたソフトウェアと，元々は企業のデータセンターなどで動いていたが，クラウドへ引っ越すことになったソフトウェアだ。はじめからクラウドで生まれたソフトウェアのことをクラウドネイティブなアプリケーションと呼んでいる。どちらも同じアプリケーションソフトなのだが，実は大きな差がある。

クラウドネイティブなアプリケーションは，AWSに実装されている豊富なソリューションサービスをはじめから前提として開発されている。便利な道具立てを使って開発するので，アプリケーションの開発が容易だし，規模の拡張も簡単だ。たとえばネット上でユーザが作り出す膨大な行動データを取り込んで分析するといったことを簡単に実現できる道具立てが用意されている。一方，もともと企業内で利用されてきた既存のアプリケー

---

[12] DELLコンピュータによるEMC買収の発表とほぼ同時に，EMCはVCloud Airの事業をVMwareからEMC傘下のクラウドサービス会社であるVirtustreamへ移すことを発表した。しかしこの決定に株式市場が反応し，VMwareの株価が大きく値下がりしたため，VCloud Airの事業統合を白紙に戻した。

ションは昔から使われているだけに仕組みも古い。数十年前に開発されたアプリケーションはいくらでも動いている。既存のアプリケーションの機能をまったく変えずにクラウドへ移して利用することはもちろんできる。だがこれではクラウドサービスのメリットを生かしたことにはならない。開発生産性は低いし，クラウドへ移したことによる余分な配慮も必要になることがある。

クラウドネイティブのメリットは多いがひとつ大きな問題がある。AWSのサービスは便利だが，それを前提として作られたアプリケーションは，AWSに何か問題があるからといって，別のクラウドサービスや，企業内のデータセンターへ移すということはできない。AWSを使い続けるしかないのだ。一部のアプリケーションがAWSを利用しているといったケースならばよいだろうが，すべての企業システムがAWSを利用しているといったケースでは，完全なベンダーロックインだ。逃げ出そうにも逃げられない関係になってしまう。

クラウドネイティブといういい方はアメリカで生まれたいい方だ。これはネイティブアメリカンというワードと比較すると理解しやすい。アメリカは移民の国だとよくいわれるが，海外からやってきた移民はアメリカで生まれ育ったネイティブアメリカンと区別される。クラウドネイティブも同じで，いわばクラウド上の市民権を持っているのがクラウドネイティブアプリケーションなのだ。

## [2] マシンラーニング

人工知能，AI（Artificial Intelligence）の研究は古く，1980年代にさかのぼる。1981年にスタートした通商産業省による第5世代コンピュータの

開発プロジェクトなどもAIを目指したものであった。90年代に入るとAIを活用した将棋やチェスのプログラムが脚光を浴びたが，コンピュータの応用分野が拡大するにつれて，AIへの関心は薄れていった。しかしクラウドコンピューティングが実現し，膨大な量の演算処理が現実に可能になると，かつて論理的には意味を持ち得ても，現実に実現できなかったデータ処理方法が可能になってきた。

　マシンラーニングの基本的な考え方はロジックによって回答を導くというものではない。むしろ統計的な考え方に基づいている。たとえば翻訳システムにおいて，かつては「私は少年です」という日本語を「I am a boy」に変換するために"私"＝"I"，"少年"＝"boy" とひとつひとつのロジックをコンピュータに記録させることを目指した。しかしロジックの数は有限なので，優れた翻訳システムはできあがらなかった。

　これに対して「私は少年です」という日本語のセンテンスに対して，どのような英語のセンテンスが選択されるかを記録して，最も多く選択されたものを翻訳システムのアウトプットとして選択するという考え方がマシンラーニングだ。ネット上のユーザが選択する英語の文章を記録しておいて，最も多くのユーザが選択したものを回答として選択する。ユーザが多ければ多いほど統計的な処理が可能になるので，翻訳も優れたものになる。かつてはCPUやハードディスクが高価なものであったため，とても現実的な処理ではなかったのだが，今ではAWSなどのクラウドを利用することですぐに実現できる。

　アメリカでMicrosoftを訪問したときに聞いた話だが，Microsoftのコールセンターでは通話の中身をリアルタイムに翻訳する仕組みを実験的に導

入している。電話の向こうでドイツ語で話された会話がこちら側では英語で聞こえるということだ。日本語と英語のように文法が大きく異なる翻訳はまだ難しいが，英語とドイツ語といった翻訳であればほぼ実用に耐えるリアルタイム翻訳が実現しているとの話であった。翻訳システムを作るのに言語の知識は必要ない。Microsoftで英語・ポルトガル語の翻訳システムを担当しているエンジニアがポルトガル語を話せないという話はマシンラーニングの特徴を表していて興味深かった。マシンラーニングで翻訳システムを作るには，膨大な英語のドキュメントとそれを翻訳したポルトガル語のドキュメントをマシンラーニングのシステムに「学習」させる。システムは英語とポルトガル語の対応関係を統計的に整理して，徐々に実用的なレベルの翻訳システムができあがっていく。

マシンラーニングの応用はもちろん翻訳システムだけではない。クラウドに蓄積された膨大なデータは工夫次第で宝の山となる。金融分野においてもマシンラーニング活用への挑戦は活発に行われている。株価のティックデータ（値動きの時価データ）をマシンラーニングに読み込ませ，数秒後の未来の値動きを予想させるという試みが代表的な例だ。

マシンラーニングを使うために，高価な設備投資をする必要はない。AmazonのAWSやMicrosoftのAzureには高度なマシンラーニングのツールがサービスとしてすぐに利用できるよう準備されている。試しに野村総合研究所の若手エンジニアが検証したところ，わずか3時間ほどマニュアルを学習して，すぐにAzureのマシンラーニングを使った簡単なデモシステムを作成することができた。

## [3] DevOps

　DevOps（デブオップス）は「Development（開発）」と「Operation（運用）」を組み合わせた最近の造語だ。短期間の開発を繰り返してアプリケーションを作り上げる「アジャイル開発」という言葉はあまり聞かなくなったが，DevOpsはアジャイル開発の延長線上に位置付けられる開発手法だ。

　クラウドコンピューティングにはその構造に適したソフトウェアの開発手法がある。少人数の開発チームで素早くソフトウェアを開発する手法であるDevOpsはクラウド上のサービスの開発手法として定着している。AmazonやGoogleなどのメガベンチャーや，Netflix，テスラといった企業でもDevOpsはもはやあたり前の存在だ。クラウドコンピューティング使うには不可欠な開発方式，クラウドネイティブにとっての常識なのだ。

　DevOpsの特徴は少人数のプロジェクトチームで開発に取り組み，毎週のようにソフトウェアをリリースしていくことにある。AmazonやGoogleなどのクラウド企業では開発プロジェクトをスタートさせるとき，「ピザ2枚」がキーワードだ。つまりピザ2枚を囲んで食事ができる程度の人数が開発プロジェクトの全員なのだ。ピザ2枚のメンバーはビジネスを考えるスタッフ，プログラムをコーディングするスタッフ，作成したプログラムの品質を管理するスタッフなどで構成される。

　DevOpsで開発するソフトウェアはMicroserviceと呼ばれるモジュールになっており，1週間単位でリリースされる。ひとつひとつは小さなソフトウェア機能を担っているので，ごく小さなソフトウェアだ。それがいく

つも組み合わさって全体のソフトウェアを構成する。iPhoneなどのスマートフォンユーザであれば経験しているはずだ。スマートフォンのアプリは頻繁にアップデートされる。ひとつひとつのアップデートは何が変わったのかわからない程度の変化なのだが、時間の経過とともにアプリの機能が大きく変化していく。これこそがDevOpsであり、Microserviceだ。

コラム　ピボタルラボ[i]

　サンフランシスコの再開発地区にPivotalという会社がある。この会社はVMwareを大企業に成長させたポール・マリッツ[ii]が設立したクラウドコンピューティングの専門会社だ。かつてMicrosoftでWindows 95の責任者だったポール・マリッツは「クラウドOS」を作る必要があるといってVMwareの中にPivotalの前身となる開発部隊を立ち上げた。Pivotalは現在クラウドOSとしてCloud FoundryというPaaS環境のソフトを提供しており、それに加えてクラウドコンピューティングで新しいビジネスソリューションに挑戦する企業に対して、いわば道場ともいうべき教育環境、Pivotal Laboを運営している。Pivotalは、VMwareから独立し、今はEMC、VMwareおよびGEの資本が入った合弁会社だ。

　アメリカでも大企業のIT部門は日本とあまり変わらない。従来型のウォータフォール型システム開発が主流だ。こうした会社にとってはクラウドコンピューティングやAPIを駆使した新しい開発スタイルに距離を感じているところも少なくはない。Pivotal Laboでは同社のエンジニアがアドバイスしながら、顧客企業のアプリケーションを実際にDevOpsの手法で開発していく。アメリカでは大企業ユーザもPivotal Laboを利用したシステム開発に着手するところが増えているという。

第3章　FinTechを支えるテクノロジー　75

| 図表3-5 | ピボタルラボの風景 |

i 楠真「DevOpsはパセリなのか。元祖DevOpsの会社を訪問して考えてみた」日経ITpro，2015.7.13（http://itpro.nikkeibp.co.jp/atcl/column/15/060800143/070900005/?ST=management&P=1）
ii ポール・マリッツは，Microsoftの元幹部で，Windows 95の開発では責任者として重要な役割を果たした。クラウドコンピューティングの基礎となるハイパーバイザーを提供するVMwareのCEOとなり同社を大きく発展させた。マリッツはクラウドにもOSが必要だとの考え方に基づいて，社内の一部門としてPaaS環境を製品化するための部門であるPivotalを設立し，後に独立してPivotalの会長に就任した。現在は顧問。

第4章

# FinTechが生まれた
# アメリカ金融業界

## 4-1 アメリカ金融業界の変化

　図表4－1はアメリカにおける銀行の設立件数と，合併・買収件数の推移を示したものだ。アメリカでは2000年以降にあってもかなりの件数の銀行が設立されており，同時に合併や買収も盛んに行われてきた。だが，FinTech投資が話題になる2010年以降はトレンドが大きく変化した。新規参入がほとんどなくなり，合併・買収の件数も30年来で最も少ないペースに落ち込んでいるのだ。

　証券会社の変遷（**図表4－2**）をみると，アメリカのリテール金融における合併・買収がいかに激しいものだったかの一端をみることができる。80年代の証券会社はほとんどが独立系であったが，当時から同じ名前でビジネスを継続している証券会社はメリルリンチとモルガンスタンレーの2

図表4－1　米銀新規設立件数（認可ベース）と合併・買収件数の推移

（出所）　FDIC，SNL資料よりNRIアメリカ作成

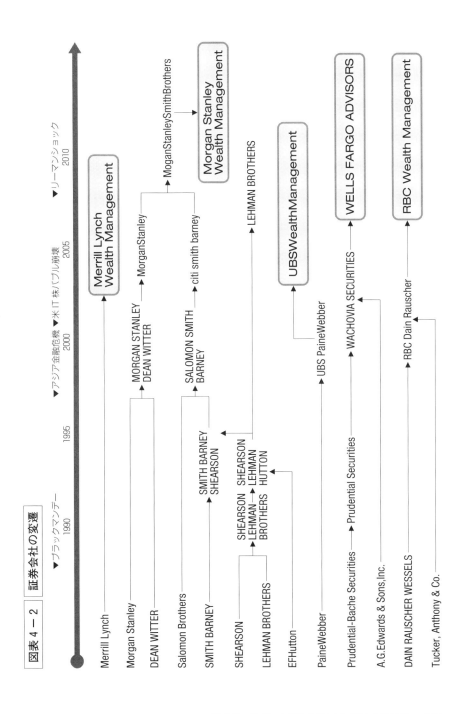

図表 4 − 2　証券会社の変遷

第4章　FinTechが生まれたアメリカ金融業界　79

社にすぎない。証券会社の多くはCitibankなど大手銀行の傘下に組み入れられてきた。メリルリンチも今はバンクオブアメリカの一部門だ。大手銀行は保険や証券ビジネスを組み合わせたクロスセルのスタイルを定着させ，金融機関のリテールマーケットへの支配力を高めていったのだ。リーマンショックの結果，証券会社がほとんど銀行傘下に入ったことで，リテールマーケットにおける銀行主導のトレンドは行き着くところまでいったといえる。

合併や買収が繰り返された結果，アメリカにおいて営業している銀行数は30年以上もの間，一貫して減少傾向が続いてきた。だが，銀行店舗数は反対に増加傾向が続いてきた。銀行の顧客獲得のために店舗の存在は絶対に必要であった。また，銀行は増やした店舗を利用して対面型のサービスを中心に据え，リテール顧客の囲い込みとクロスセルを拡大してきた。

図表4−3　米銀数（左軸）と米銀店舗数（右軸）の推移

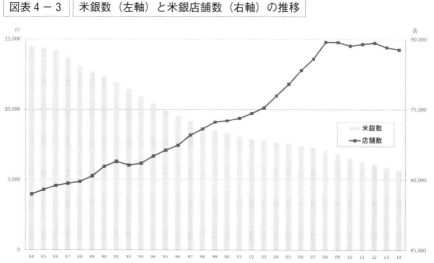

（出所）　米銀資料・ヒアリング，FDIC，SNL，アメリカンバンカー，金融財政事情研究会等よりNRIアメリカ作成

| 図表4-4 | ネットやモバイルバンキングが普及しても物理的店舗やATM存在は銀行選択の重要因子 |

**米銀店舗数が減らない構造的理由**

1. 取引銀行選択において依然最重要ファクターの1つ
   - ネットバンクやモバイルバンキングが普及・拡大しても、大多数の人々は支店、ATM、コールセンターを含むオムニチャネル構造のなかで利用し、ネット専業やモバイル専業へのシフトは業界全体の潮流にはなっていない(米国ではネット専業預金のシェアは2%以下で過去10年間にはほとんど伸びていない)
   - 生活経済圏に物理的な店舗やATMがあることが個人の金融機関選択において引き続き大きな決定因子
   - 金融機関側も顧客エクスペリエンスにインパクトの大きいエンゲージメント(対応)ポイントとして店舗の質(店舗の使い分け等、次頁で説明)を見直しつつ、量(数)は維持

2. 米銀リテールバンキングのコア収益力の根幹
   - 金利感応度の低い預金が伝統的な地域銀行やメガバンクの地方支店の低コスト預金(無利息または低金利の決済性・貯蓄性預金等)として流入し続け、最大のフィービジネスである預金関連手数料とも相俟って米銀リテールバンキングのコア収益力を根幹であり続け収益成長も牽引
   - 高金利預金×低経費構造のネット専業銀行モデルは米国では立ち行かず

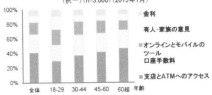

米国消費者が銀行・信用組合を選択する際の最重要因

米国消費者が銀行・信用組合を選択する際の不可欠要素

(出所) 米銀資料・ヒアリング、SNL、Credio、Rockbridge、アメリカンバンカー、ムーディーズ等よりNRIアメリカ作成

　店舗数のトレンドにも2010年前後を境に変化が見られる。2009年のリーマンショックを境に銀行店舗数の増加はストップしているものの、減少に転じたわけではない。背景にあるのは、銀行顧客の店舗に対する意識だ。ネットバンクやモバイルバンクが普及したアメリカにおいても支店やATMなどが自分の生活経済圏にあるかどうかが、銀行選択の絶対的な決定因子になっている。

　店舗数が高止まりする一方で、新技術を活かした店舗網の効率化が進んでいる。支店ネットワークの効率化対策としては、主に以下のものがあげられる。

① 小型，軽量店の増加
② セルフ顧客用キオスク端末の導入
③ ビデオチャットを利用したバーチャルテラーの活用
④ コンシェルジュ（案内人）制の導入
⑤ ユニバーサルアソシエイト（何でも係）の導入

こうした取組みの結果，かつては母店／サテライト店の2つに分かれていた支店ネットワークに無人店や，1～2人のコンパクトオフィスなども加わって多様な構成になってきている。

## 4-2 金融リテールの変化

50代のある金融IT専門家が，世代によってアメリカのリテール金融がどのように変化したのかを私に解説してくれた。戦後すぐに生まれた世代，ベビーブーマーにとってはメリルリンチがリテール金融の主役だった。メリルリンチはフェース・トゥ・フェースのハイタッチな営業で，顧客との関係を創り上げた。ベビーブーマー世代は営業マンとの個人的な関係や信頼関係を重視する。チャネルは直接会うか，あるいは電話だ。

メリルリンチの広告は控えめだ。「信用」や「安心」を全面に出したイメージ広告がほとんどで，具体的なメッセージはほとんどない。営業は営業マンに依存している。営業マンは顧客の家族構成から趣味までさまざまな情報を個別に押さえていて，ハイタッチな営業で手数料を稼ぐ。営業マンは常に競争にさらされており，社内競争に敗れた営業マンは他社へ移っ

ていく。

　次の世代は1960年代から70年代に生まれた世代だ。この世代はジェネレーションXと呼ばれることが多い。ジェネレーションXは営業マンから直接電話を受けることを好まない。また個別の金融商品を押し売りされるのも嫌う。インターネットを使ったネット証券の登場をジェネレーションX世代は歓迎した。

　だが個人資産が形成されてくる過程でジェネレーションXはインターネットバブルの崩壊を経験した。インターネットバブルの時期はネット証券が急速に普及する時期に重なる。ジェネレーションXの投資家は取引手数料の値下げ競争に呼応する形で個別銘柄へ投資し，大きな損失を被った。

　その後，リテール金融の主役となったのがSMAやラップアカウントのようなマネージドアカウントサービスだ。代表的なプレーヤはマネージドアカウントで大きく業績を伸ばしたFidelityやCharles Schwabだ。両社の営業方針はテレビ広告を多用して顧客を集め，支店に顧客を呼んでコンサルタントにシステムを利用したアドバイスを提供させるものだ。

　FidelityやCharles SchwabはジェネレーションXに対するマーケティングを効果的に行った。ハイタッチなコンタクトを嫌う傾向の強いジェネレーションX世代にはマス広告が効果的だった。FidelityもCharles Schwabもメリルリンチの10倍以上の広告宣伝費を投入している。マスマーケティングのメッセージも直接的だ。コンサルティング営業でゴールを設定して顧客と並走するというイメージを打ち出したFidelityの「Stay on your line」というキャッチフレーズは有名だ。またリーマンショック

後の株価の値下がり期に,「今こそ投資のスタート」と相場観に訴える Charles Schwabのテレビ広告もジェネレーションXの感覚にあったものだった。

　1980年代以降に生まれた世代,すなわちミレニアルズへのマーケティングをどうすべきかは今日のリテール金融の大きなテーマとなっている。ミレニアルズはジェネレーションXと比較するとあまりテレビを見ない。モバイルプラットフォームへの依存度が高く,ワン・トゥ・ワンマーケティングが効果的だ。金融リテールのマーケティング戦略は,再度,大きな変化に差し掛かっているといえる。ミレニアルズについては次節で触れたい。

## 4-3　ミレニアルズ

　ミレニアルズとは2000年頃に成人を迎えた世代という意味だ。すなわち生まれたときからインターネットが存在した世代だ。デジタルネイティブという言葉もほぼ同じ意味で使われる。現役の経営世代からするとかなり異なった感覚を持っている世代だということがポイントで,デジタルマーケティングを議論する際には特に注目だ。

　ミレニアルズに関する研究は数多く行われている。そのひとつU.S. Chamber of Commerce Foundationが作成したミレニアルズ世代に関する調査報告書[13]をみると,アメリカのミレニアル世代の姿がおぼろげながら理解できる。

---

13　U.S. Chamber of Commerce Foundation（https://www.uschamberfoundation.org/millennial-generation-research-review）

| 図表4−5 | 米国対面証券会社・RIA※の顧客世代構成 |

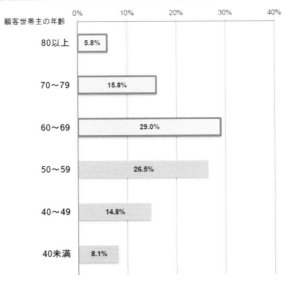

※ 個人向け中小投資顧問会社

(出所) 各種資料よりNRIアメリカ作成

　ミレニアルズは比較的寛容で，政治的関心が高い。民族のダイバーシティーが進んだ結果，少数派に対する考慮ができる世代だ。親との同居が多いのもミレニアルズの特徴だ。ミレニアルズ世代が情報を得る手段は前の世代と大きく異なっている。調査によればテレビが65％，インターネットが59％であるのに対し，新聞は24％に過ぎない。またミレニアルズの80％がベッドにスマートフォンを持って寝ている。

　ミレニアルズは企業家精神が旺盛だという評価もある。Facebookのマーク・ザッカーバーグやGrouponのアンドリュー・メイソンがミレニアルズ世代に該当する。この調査によると2011年には16万社のスタートアッ

| 図表4-6 | 投資アドバイスの取得に際して好む取引金融機関・担当営業員とのコンタクトチャネル（複数回答） |

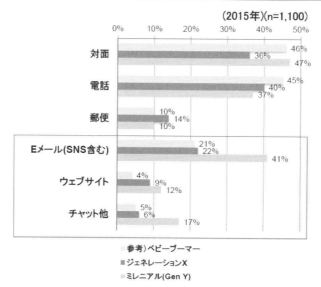

（出所）　各種資料よりNRIアメリカ作成

プが毎月設立されたが，そのうち29％がミレニアルズ世代による企業であった。

　ミレニアルズはまだ資産運用マーケットの主役ではない（**図表4-5**）。アメリカの証券会社顧客の世代構成を調べると40代未満の顧客が保有する金融資産は8.1％に過ぎない。ミレニアルズは証券会社の直接的な営業ターゲットではないものの，証券会社は顧客の世代継承を真剣に考えはじめている。今後，ベビーブーマー世代からジェネレーションXへ，そしてミレニアルズと資産が移転していくことは明らかだ。ミレニアルズに受け入れられる金融サービスが次世代の金融リテールの主役となっていくはずだ。

世代間のサービス継承や新しい世代に向けた新たなマーケティング戦略の姿は見えないが，世代間で好まれるコンタクトチャネルの違いはかなり明確だ（図表4－6）。対面での営業や電話による営業に対する傾向は世代間であまり大きな差がないが，ミレニアルズはSNSを含めたEメールを通じた営業やチャットによる営業をかなり重視している。ミレニアルズの取込みを意識してアメリカの金融機関はSNSやチャットによる営業に力を注いでいる。

## 4-4 リーマンショック

　投資銀行は金融機関の中でも歴史的にとりわけITを重視してきた。ゴールドマン・サックスをはじめとする大手投資銀行は世界中で取引される金融商品のポジションをひとつのデータベースで管理するシステムを2000年前後に完成させた。この仕組みは投資銀行ビジネスにとって非常に大きな競争力を産み出す。たとえばグローバル投資銀行は東京の取引において，世界中のポジションをリアルタイムに見ながら取引している。ところが日本の金融機関はトレーディングシステムが地域別に分かれているため，ポジションも拠点ごとにばらばらだ。わずかなマージンを競う証券ビジネスにおいて，この差は極めて大きい。大手投資銀行はIT投資を競い，ほぼ同様の仕組みをいずれも完成させた。

　グローバル投資銀行の稼ぎ出した金額は膨大だ。2000年以降，投資銀行は稼ぎ出した金を惜しみなくテクノロジーにつぎ込んだ。マネーを産み出す工場がまさにFinTechだった。ノーベル経済学賞を受賞したシャープ教授のシャープ理論を実践する資産運用システムやコンピュータが自動的

に株式市場へ発注を繰り出すハイフリークエンシートレード（HFT）システムが開発され，投資銀行のテクノロジーへの投資は急速に拡大していった。

膨張した金融マーケットをリーマンショックが襲ったのは2008年のことだった。リーマンショックはある意味，FinTechショックだったともいえる。

世界中を巻き込んだ金融危機のトリガーは証券化商品というFinTechの生んだ金融商品だった。証券化商品は，ローンやリース，不動産など，将来一定の収益が見込める資産を裏付けとして発行される有価証券のことをいう。グローバル投資銀行は住宅ローン，消費者ローン，リース債権といったリスクの高い原資産を裏付けとしたポートフォリオのリスク・リターンを金融工学で加工し，多様な金融商品を組成した。リスク性の高い原資産が金融工学を駆使することでリスクを消しさり，原資産と同等の利回りと高い格付けの得られる証券化商品に変身した。FinTechを駆使することで結果として信用を何倍にも増加させたのだ。グローバル資本市場は，証券化商品に何の不安や疑問を持つこともなく，積極的に投資を行った。FinTechによって信用リスクが高まっていることに気づいたとき，世界はすでに金融ショックの中に落ち込んでいた。

リーマンショックでは低所得者向けの住宅ローン債権を証券化した「サブプライムローン」が2007年から暴落して，信用不安を招いたことが世界的な金融危機につながった。投資家の多くがサブプライムローンをはじめとした証券化商品で膨大な損失を被り，その本当のリスクに気付かされることになった。その結果，グローバル投資銀行は買収や合併などによって

再編され、また、投資銀行業務には厳しい資本規制が課されるなど、金融当局による規制が強化される結果となった。

リーマンショックの結果、リーマンブラザーズが倒産して、バークレーズ銀行の傘下に入った[14]ほか、メリルリンチはバンクオブアメリカに買収されるなど、グローバル投資銀行の大幅な業界再編が起きることとなった。各社は痛んだバランスシートを改善させるため、大規模なリストラを実施した。その結果、投資銀行を舞台としたFinTechブームはいったん去り、多くのIT人材がグローバル投資銀行から流出する結果につながった。

---

コラム　プライムブローカレージビジネスとFinTech

　投資銀行最大手のゴールドマン・サックスはヘッジファンド向けのプライムブローカレージといわれるビジネスで、大きな利益をあげた。リーマンショックの前のことだ。ヘッジファンドは小さな会社が多いが、さまざまな運用手法を使った投資を行う。通常は投資リスクをヘッジする投資スタイルをとるという意味で、ヘッジファンドと呼ばれている。複雑な投資スタイルを実現するには高度な金融工学的知識を必要とする。プライムブローカレージというビジネスは、ヘッジファンドが金融工学的なトレーディングをするのに必要なすべてのことを提供する。その中心になるのがヘッジファンド向けのトレーディング端末サービスだ。

　ゴールドマン・サックスはこの端末サービスを一から自前で開発したのではない。ゴールドマン・サックスはニューヨーク取引所最大のマーケッ

---

14　バークレーズ銀行が買収したのはリーマンブラザーズの米国事業のみで、米国外におけるビジネスは野村ホールディングスが買収した。

ト・メーカだったSLKを2000年に65億ドル（約7,000億円）で買収した。この買収金額はマーケット・メーカとしての企業価値に対するものであったが，ゴールドマン・サックスの本当の狙いはSLKが顧客サポートとして提供していたトレーディング端末にあったといわれている。このトレーディング端末を開発していたのがニール・デセナ氏だ。

　デセナ氏は買収と同時にゴールドマン・サックスへ移り，ゴールドマン・サックスのプライムブローカレージビジネスの幹部に登用された。デセナ氏がSLKのトレーディングシステムをベースに開発したトレーディング端末はゴールドマン・サックスのヘッジファンド向けサービスのプラットフォームとして利用され，ピーク時には8,000台が利用された。

　当時，ゴールドマン・サックスはヘッジファンド市場において圧倒的な優位性を誇っていた。新しくファンドが設立されると，すぐにゴールドマン・サックスの営業がやってくる。営業は同社のトレーディング端末を無償で提供するといい，ファンドの自前のシステムとの接続まで提案してくれたそうだ。ゴールドマン・サックスはこうしてヘッジファンドを囲い込んでいったのだ。ニール・デセナ氏は2006年にゴールドマン・サックスを退職して現在に至っている。

　大手投資銀行の多くがゴールドマン・サックスに追随し，プライムブローカレージビジネスへ参入した。Citibankもそのひとつだ。Citiは2004年にトレーディング端末およびダークプールビジネスをするLava Tradingという会社を買収した。買収金額は5億ドルである。Citiはこの会社のテクノロジーを利用することでヘッジファンド向けのプライムブローカレージビジネスに参入することができた。

　プライムブローカレージは投資銀行の稼ぎ頭であったが，リーマンショックの後，転機を迎えることになった。ゴールドマン・サックスやCitiのトレーディング端末サービスはそれぞれ自社としか取引できないように設

計されていた。端末サービスを利用するヘッジファンドを囲い込む目的のためだ。ところがリーマンショックの前後からヘッジファンドは複数のプライムブローカレージと取引する傾向が強まっていった。このため両社のトレーディング端末は敬遠されるようになり，徐々に戦略的価値を失っていった。しかもリーマンショック後の資本規制の結果，資本コストのかかるプライムブローカレージビジネスは投資銀行にとってメリットの少ないビジネスに変わってしまった。その結果，2013年にはゴールドマン・サックスがトレーディング端末サービス事業から撤退し，Citiも2014年にLavaのサービスを停止するにいたった。

第 5 章

# ロボアドバイザー

FinTechの代表格としていつも最初に紹介されるのがロボアドバイザーだ。あたかもロボットが一般投資家に投資の指南をしてくれる。投資の方法論にはディープラーニングなどの人工知能の要素が使われているというものもあるという。夢のようなFinTechソリューションだ。400社ものベンチャー企業が競うロボアドバイザーのソリューションだが，実態はまだまだ夢とはかけ離れている。

　アメリカ人は日本人よりも投資を好む。だから金融リテール市場における株や投資信託の割合は日本と比較にならないほど高い。一般のサラリーマン世帯でも，株や投資信託に投資して老後の資金を資産運用で確保しようとするのが普通だ。しかし個人投資家は1989年のブラックマンデーや，2000年前後に起きたインターネットバブルの崩壊によって何度も大きな損失を被ってきた。そしてその都度，リスクに強い新しい金融商品が生まれ，金融リテール市場は変化してきた。

　特にインターネットバブルが崩壊して以降は，証券会社の営業スタイルが大きく変化した。それまでの営業マンがコンサルタントとして投資指南をするマネージドアカウントサービスというスタイルが出現したのだ。株や債券の個別銘柄を推奨する従来型のスタイルに変わり，バランスのとれた分散投資をアドバイスするコンサルティング営業がマネージドアカウントサービスだ。このサービスもITソリューションが使われている。証券会社はそれぞれアドバイザープラットフォームと呼ばれるコンサルティングツールを開発して，顧客ニーズに応えるコンサルティングが簡単にできるようなITソリューションを導入した。

　ロボアドバイザーもマネージドアカウントサービスの一種だ。簡略化し

てコストを抑え，投資家は直接インターネット経由でファイナンシャルアドバイザー抜きでアドバイザープラットフォームを利用する。ロボアドバイザーについて理解するには，ロボアドバイザーが潜在市場としてねらっているマネージドアカウントサービスのことを先に理解する必要がある。

## 5-1 マネージドアカウントサービス

マネージドアカウントサービスには超富裕層を狙ったものから，一般サラリーマンの退職金レベルの投資をターゲットとしたものまでさまざまな種類がある。対象とする投資家の保有資産によってサービスの細かさや内容が異なっており，SMA（Separated Managed Accounts）やラップ口座などと呼ばれている。

マネージドアカウント以前の証券営業では，株や債券を売買したときの売買手数料のみが収益の源だった。証券営業はどうしても売買を顧客に促すことになり，結果として顧客が損失を出したときには顧客との利害が対立し，顧客の離反を招く結果となった。これに対してマネージドアカウントサービスは顧客の保有する資産に対して一定の手数料を徴収する。この手数料はコンサルテーションに対する対価として請求される。営業は売買を顧客に繰り返させる必要がないため，顧客と営業の利害が相反しにくい面がある。アメリカの場合，資産残高の1％前後を年間手数料として徴収することが多く，成功報酬として顧客の収益に連動した手数料を課すサービスも見られる。

顧客層の分け方にはいろいろあるが，通常は金融資産500万ドル以上を

保有しているセグメントを超富裕層，50万ドルから500万ドル程度を保有するセグメントを富裕層もしくはマス富裕層，金融資産50万ドル以下のセグメントをマスリテール層と分類されている。いずれのレベルにおいても共通するのは，顧客とファイナンシャルアドバイザーが対話をしながら投資のゴールを設定し，ゴールを軸として投資の方法をアドバイスしていくという考え方だ。個人投資家といっても保有する金融資産の大きさによって，投資の指向性も異なるし，金融機関としてかけられるコストもまったく違う。だから一口にマネージドアカウントサービスといってもサービス内容はずいぶんと異なっている。

　金融機関からみて最も利益の大きい超富裕層をターゲットとしているのがプライベートバンクだ。ビル・ゲイツのように何兆円もの資産を持って

図表5－1　米国個人金融資産の分布と各種リテール金融サービスの位置付け

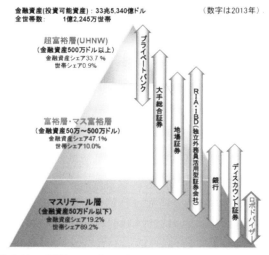

（出所）　証券会社・銀行ヒアリング，Cerulli Associates，MMI，Aite Group等よりNRIアメリカ作成

いる資産家もプライベートバンキングの顧客層だ。プライベートバンクの提供するサービスは普通の資産運用だけではなく，不動産の管理から節税アドバイスまでまさに何でもアリのメニューを持っている。このクラスの顧客に対しては，いくらでも人手をかけたサービスをすることが可能だ。

　数百万ドル程度の金融資産を持つ富裕層セグメントが大手総合証券や地場証券のターゲット顧客だ。銀行やディスカウント証券はさらにその下であるマス富裕層がメインターゲットだ。マネージドサービスはこれらのセグメントに向けたサービスが最も多い。

　アメリカの代表的な大手総合証券会社であるモルガンスタンレーの場合を例にとってみよう。この会社は金融資産50万ドル以上のマス富裕層から上位の顧客をメインターゲットとしている。この会社に口座を開くには最低10万ドルの預け金が必要だ。**図表5－2**は同社のフィービジネス収益の推移を示したものだ。フィー型手数料とは投資信託の信託報酬手数料や401K（確定拠出年金）の管理手数料などを含むが全体の利用料収入の90％をマネージドアカウントが占めており，ほぼマネージドアカウントサービスの収入に相当すると見なして良い[15]。

　マネージドアカウントの人気は高い。モルガンスタンレー（リテール部門）の預り資産の過去からの推移を調べてみると，リーマンショック前後の落ち込みはあるものの，一貫してマネージドアカウント比率は増加して，2014年には8,000億ドル（およそ100兆円）に達し，平均1.2〜1.5％の手数料を得ている。

---

15　日本の証券会社の場合には投資信託の信託報酬手数料がフィー型収入の大半である。

| 図表 5－2 | モルガンスタンレー（リテール部門）の預り資産内訳とフィー型契約資産比率の推移 |

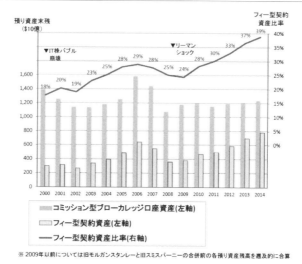

（出所） モルガンスタンレー，シティグループ資料，米国証券会社ヒアリングよりNRIアメリカ作成

 アメリカの証券会社にとってマネージドアカウントはリテール部門における収益の柱だ。株式などの売買手数料収益は依然として大きいが，ネット証券と厳しく競合しているため全体的には長期的に依存度が低下し続けている（**図表 5－3**）。一方，マネージドアカウントサービスは徐々にサービスを強化しながら残高を伸ばしている。

 マネージドアカウントサービスは業界全体でも増加傾向にある。特にリーマンショック後の資産増加は著しく，2016年には全米の金融資産総額の10％を突破し，金額では5兆ドル（およそ600兆円）を上回るものとみられている。仮に資産の1.5％を管理手数料収入と見込むと，業界全体で9兆円の管理手数料が生まれていることになる。

| 図表 5－3 | 米国証券会社のマネージドアカウント残高の推移 |

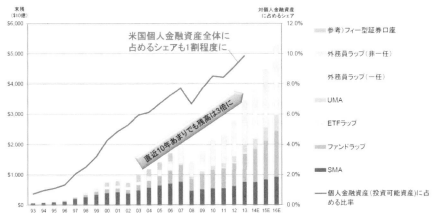

（出所） セルリアソシエイツ，米国証券会社ヒアリングよりNRIアメリカ作成

　2005年以降，日本でも投資顧問業の規制が緩和されて，証券会社や銀行が投資アドバイスをするSMA（Separated Managed Account）や投信ファンドラップといったマネージドアカウントサービスが販売されるようになっている。しかしその販売規模は業界全体でも10兆円に満たない。投信ファンドラップの管理手数料は1.5～3％とアメリカの平均より高めに設定されているが，それでも販売会社の得る管理手数料はアメリカの証券会社とは比較にならないレベルだ。

## 5-2 マネージドアカウントサービスの種類とロボアドバイザーの位置付け

　マネージドアカウントサービスにはさまざまなスタイルがある。顧客資産の大きさに応じて富裕層向けほど細かで配慮の行き届いたサービスとな

るが，基本となる考え方はどれも似かよっている。マネージドサービスは顧客に対してアンケートに回答してもらい，投資に対する知識やリスクに対する考え方などを把握して，投資のゴールを設定することからスタートする。設定したゴールに基づいて，アセットアロケーション（資産配分方針）と呼ばれるいくつかの投資パターンが選択されることになるのだが，アセットアロケーションの種類は10種類以下であることが多い。顧客にアドバイスを実施するアドバイザープラットフォームと呼ばれるシステムを各社は独自に開発しているが，アセットアロケーションの選択ロジックはどれも単純なもので，数十の単純な質問に回答していくと自動的に割り振られる。

アセットアロケーションは，どの程度のリスクをとるかによって保守的，中庸，積極的などと設定されている。メリルリンチの場合をみると（**図表5－4**）どのアセットアロケーションを選択するかによって，対象となる

図表5－4　メリルリンチウエルスマネジメントのアセットアロケーション

(2012年4月)

|  | Conservative | | Moderately conservative | | Moderate | | Moderately aggressive | | Aggressive | |
|---|---|---|---|---|---|---|---|---|---|---|
|  | Strategic | Tactical | Strategic | Tactical | Strategic | Tactical | Strategic | Tactical | Strategic | Tactical |
| Stocks | 20% | 20% | 40% | 40% | 60% | 60% | 70% | 70% | 80% | 85% |
| Lg. Cap Growth | 8% | 9% | 16% | 18% | 23% | 25% | 25% | 27% | 27% | 32% |
| Lg. Cap Value | 12% | 10% | 16% | 15% | 23% | 21% | 25% | 22% | 21% | 20% |
| Small Growth | 0% | 0% | 2% | 2% | 2% | 2% | 3% | 3% | 6% | 6% |
| Small Value | 0% | 0% | 2% | 1% | 2% | 1% | 3% | 2% | 3% | 3% |
| Intl Developed | 0% | 1% | 3% | 3% | 8% | 7% | 11% | 11% | 16% | 16% |
| Intl Emerging | 0% | 0% | 1% | 1% | 2% | 4% | 3% | 5% | 4% | 8% |
| Bonds | 55% | 55% | 50% | 50% | 35% | 35% | 25% | 25% | 15% | 15% |
| Tsys, CDs & GSEs | 35% | 43% | 27% | 16% | 13% | 11% | 6% | 8% | 2% | 5% |
| Mortgage Backeds | 14% | 1% | 13% | 12% | 9% | 9% | 6% | 6% | 4% | 3% |
| IG Corp & Preferred | 6% | 11% | 10% | 13% | 9% | 9% | 9% | 6% | 5% | 4% |
| High Yield | 0% | 0% | 0% | 3% | 2% | 2% | 1% | 2% | 2% | 1% |
| International | 0% | 0% | 0% | 6% | 2% | 4% | 3% | 3% | 2% | 2% |
| Cash | 25% | 25% | 10% | 10% | 5% | 5% | 5% | 5% | 5% | 0% |

微修正はサブアセットクレベルが中心
大枠のアセットクラス(株，債券，キャッシュ)は安定的

■ Cash
■ Bonds
■ Stocks

（出所）　証券会社資料などをもとにNRIアメリカ作成

アセットクラスに含まれるリスク商品のウェイトが変化していくことがわかる。

　アセットアロケーションは数十年にわたる投資の実績から決められた投資配分で，マネージドサービスの根幹だ。資産運用の成果はアセットアロケーションでほとんど決まるとまでいわれる。アセットアロケーションに対する考え方は日本とアメリカで随分異なる。日本では証券市場のプロがマーケットのトレンドを見ながらアセットアロケーションをダイナミックに変更することが望ましいとされているが，アメリカではまるで違う。ストラテジック（静的）アセットアロケーション，タクティカル（動的）アセットアロケーションなどの種類があるものの，いずれもマーケットトレンドの変化で資産配分を変更したりはしない。つまりマネージドアカウントサービスはマーケット分析や相場の変動を考慮したコンサルテーションを行っているわけではない。

　日本ではロボアドバイザーのサービス内容について誤解があるようだ。ロボアドバイザーはロボットという語感からか，マシンラーニングなどを利用してコンピュータがマーケットトレンドを分析して，自動的に投資判断をしながら資産運用するものだととらえられているが，実際はまったく異なっている。実際のロボアドバイザーはマネージドアカウントサービスの廉価版に位置付けられるサービスで，人工知能が投資商品を選択するわけではない。

　ロボアドバイザーのサービスでは，インターネット上でマネージドアカウントサービスに似た質問票を埋めるところからサービスがスタートする。アセットアロケーションの種類は証券会社のマネージドアカウントサービ

スと大差はない。まったく人手を介さないためコストがかからないのがロボアドバイザーのセールスポイントだ。通常のマネージドアカウントサービスが1～2％程度の手数料を課しているのに対して，ロボアドバイザーは0.3～1％程度と手数料を低く設定している。先行するロボアドバイザー会社の場合，手数料を0.25％としているところもある。

マネージドアカウントサービスにおいてファイナンシャルアドバイザーの役割は決して技術的に高度なものではない。投資パターンが選択されてしまえば，あとは自動的に投資方針にしたがった資産運用が行われるだけだ。極端に言えば，証券会社が公表するアセットアロケーションを真似て顧客が自分で運用することも可能かもしれない。だからロボアドバイザーに参入する企業は，劇的に手数料を下げて，既存の証券会社から顧客資産を奪ってしまうことを狙っている。証券会社にとってはマネージドアカウントの手数料が競争にさらされることになる。FinTech 2.0のスタートアップ企業にとっては，格好のDisruptive戦略（既存ビジネスを打ち壊して事業を拡大する）となり，投資家の関心を集めたといえそうだ。

ロボアドバイザーによる資産運用は2013年頃からFinTech 2.0のスタートアップ企業が独自のサービスとして実際にスタートした。次いで既存の資産運用業界が動きを見せる。2014年には大手資産運用会社であるVanguardが自社サービスとしてスタートし，その後，Charles Schwabなどのディスカウント証券会社もサービスを開始した。

## 5-3　ロボアドバイザーの市場規模

　ロボアドバイザーのビジネスを目指したFinTech 2.0のスタートアップ企業は2014年末の段階で40社を数えたが，その後，急激に増加しており，2015年末には400社を上回ったとするレポートも見られる。先行する数社はインターネットを通じて投資家へ直接営業し，すでにある程度の運用資産を獲得してビジネスをスタートさせた。一方，既存の資産運用会社や証券会社も自社サービスとしてロボアドバイザーを自社顧客向けに提供している。**図表５－５，５－６**に見られるように既存金融機関のサービスは独立系ロボアドバイザーのサービスをまたたく間に凌駕してしまった。

　**図表５－７**はロボアドバイザーを提供するスタートアップ企業のうち，先行した８社の概要を示したものだ。すでにサービスをスタートさせている先行ロボアドバイザー企業の中には，ベンチャーキャピタルから１億ドル（120億円）以上の投資を集めたものもある。

　運用規模はまだ小さい。最大手のBettermentやWealthfrontの場合，運用資産残高は20億ドル以上に達しているが，この程度の運用資産残高では事業の収益化には程遠いのが現状だ。たとえばWealthfrontの場合，運用手数料の25bp（0.25％）を単純に運用資産残高にかけあわせると650万ドルに過ぎない。これではいかに固定費が少ないといっても，70名の従業員を雇い続けることはできない。人手を介した営業をしないのがロボアドバイザーの強みだったはずだが，知名度の少ないロボアドバイザー各社が顧客を勧誘するには，ネット広告などの広告宣伝に頼らざるを得ない。このため顧客獲得のためのコストが全体のコストを押し上げている。採算分

| 図表5-5 | 米国ロボアドバイザー市場の成長見通し |

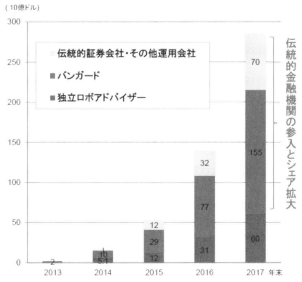

（出所）　Aite Group

| 図表5-6 | 主なロボアドバイザーの事業モデル |

| 担い手 | | 事業モデル | B2C(個人投資家向け) | B2B(対面営業員向け) | 備考 |
|---|---|---|---|---|---|
| 独立系ロボ・アドバイザー | ①先行者 | Betterment | ● | | 401kアドミ事業参入 |
| | | Wealthfront | ● | | |
| | | Personal Capital | ● | ● | |
| | | AssetBuilder | ● | | |
| | | FutureAdvisor | ● | | Blackrockに身売り |
| | | Rebalance IRA | ● | | |
| | | SigFig | ● | | |
| | | Covestor | ● | | Interactive Brokerに身売り |
| | ②後発者 | Bicycle Financial | | ● | |
| | | Upside Financial | | ● | EnvestNetに身売り |
| | | Blooom | ● | | 401k向け重点 |
| | | Hedgeable | ● | ● | |
| | | HeadgeCoVest | ● | ● | ヘッジファンド運用戦略 |
| | | Next Capital | ● | | 401k向け重点 |
| | | WiseBanyan | ● | | |
| | | Polly Portfolio | ● | | |
| 既存企業の参入 | 運用会社 | Vanguard | ● | | |
| | | BlackRock | ● | ● | FutureAdvisor買収 |
| | | Mariner Wealth | ● | | 中小RIA |
| | | Ritholtz Wealth | ● | | 中小RIA |
| | 証券会社 | Charles Schwab | ● | ● | ディスカウント証券 |
| | | Tradeking | ● | ● | ディスカウント証券 |
| | | Merrll Edge | ▲(開発中) | | ディスカウント証券モデル |
| | アウトソーサー／ベンダー | EnvestNet | | ● | Upside Financial買収 |
| | | Wealth Access | | ● | |
| | | eMoney Advisors | | ● | フィデリティに身売り |

（出所）　各社資料，CB Insight，ヒアリング，Aite GroupよりNRIアメリカ作成

| 図表5－7 | 主なロボアドバイザーの運用資産残高と見通し（単位；10億ドル） |

| 会社名 | 人員※ | 創業年 | VC調達額<br>(百万ドル) | 有償顧客数<br>(人) | 運用資産残高<br>(2015年6月末)<br>(百万ドル) | 顧客当り<br>運用資産残高 | 口座開設時の<br>最低残高 | 手数料率(年) |
|---|---|---|---|---|---|---|---|---|
| Betterment | 51 | 2010 | 105.0 | 80,000 | 2,600 | 32,500 | $5,000 | $1万未満：35bp<br>$1万〜10万未満：25bp<br>$10万以上：15bp |
| wealthfront | 70 | 2011 | 129.5 | 30,000 | 2,600 | 87,000 | $500 | $1万以下 無料<br>$1万超：25bp |
| PERSONAL CAPITAL | 130 | 2009 | 107.0 | 3,000 | 1,000 | 280,000 | $25,000 | 89bp |
| AssetBuilder | 11 | 2006 | n.a. | 1,200 | 600 | 500,000 | $50,000 | 20-50bp |
| FutureAdvisor | 35 | 2010 | 21.5 | 2,000 | 600 | 100,000 | $10,000 | 50bp |
| rebalance IRA | 15 | 2013 | n.m. | N.A. | 225 | n.a. | $75,000 | 70bp |
| SigFig | 45 | 2012 | 19.6 | 672 | 60 | 89,000 | $2,000 | $1万未満 無料<br>$1万以上：25bp |
| covestor | 30 | 2006 | 24.9 | 500 | 38 | 76,000 | $5,000 | 50-150bp |

※2014年末

（出所）　各社資料，CB Insight，ヒアリング，Aite GroupよりNRIアメリカ作成

岐に達するまでには，運用資産残高を現在の10倍以上にする必要があるといわれている。

　Vanguard，Black Rock，Charles Schwabなど，既存の資産運用会社や証券会社がロボアドバイザーをスタートさせたが，これら各社は既存サービスの中にロボアドバイザーを位置付けており，新たな顧客開拓の必要性がない。またすでに資産運用業界におけるブランドが確立しているので，スタートアップ企業と比較すると投資家からはるかに信用が得られやすい。

　先行組のビジネスは決して順調というわけではないが，新たな参入企業は多い。これらの後発組ロボアドバイザーはおおむね10人以下の規模であり，アーリーステージ専門のベンチャーキャピタルから100万ドル前後の

図表5-8　最近ロボアドバイザーをスタートさせたベンチャー企業

| 会社名 | 人員※ | 創業年 | VC調達額（百万ドル） | 有償顧客数（人） | 運用資産残高（2015年6月末） | 顧客当り運用資産残高 | 口座開設時の最低残高 | 手数料率(年) |
|---|---|---|---|---|---|---|---|---|
| bicycle | n.a. | 2012 | n.a. | n.a. | n.a. | n.a. | n.a. | $20/月 |
| UPSIDE | n.a. | 2013 | 1.2 | n.a. | n.a. | n.a. | n.a. | 25bp |
| blooom | 8 | 2013 | 4.1 | n.a. | n.a. | n.a. | $0 | $2万ドル未満:$1/月 $2万ドル以上:$15/月 |
| Hedgeable | 11 | 2011 | 0.1 | n.a. | n.a. | n.a. | $0 | 30-75bp |
| HedgeCoVest | n.a. | 2006 | 0.0 | n.a. | n.a. | n.a. | $30,000 | 250bp |
| nextcapital | 11 | 2013 | 6.1 | n.a. | n.a. | n.a. | n.a. | n.a. |
| WiseBanyan | n.a. | 2010 | 4.2 | 7,500 | 35 | 4,700 | $0 | 運用報酬は無料 Tax loss harvestingに最大$20/月 |
| Polly Portfolio | 8 | 2013 | 2.2 | n.a. | n.a. | n.a. | $0 | n.a. |

※ ほとんどが2015年6月時点で10人以下

（出所）　各社資料，CB Insight，ヒアリング，Aite GroupよりNRIアメリカ作成

投資を受けた段階だ。サービスを実際に開始しているところは少なく，準備活動の段階である。

　最近，ロボアドバイザー企業が既存金融機関に買収されて，傘下に組み入れられる事例が多くなってきている。後発組の中にはネットで直接顧客資産の運用をするというロボアドバイザー本来の姿ではなく，既存金融機関のファイナンシャルアドバイザーへ向けたアドバイザープラットフォームのソリューションとして大手金融機関や老舗のFinTech企業へ身売りすることを狙ったものもあるという。

## 5-4 ロボアドバイザーのサービス概要

　ロボアドバイザーのサービスはSMAやラップ口座などの既存サービスと似ている。最大の違いはネット証券のように顧客対応がすべてネット（もちろんモバイルも含む）で行われており，人手を介したコンサルテーションを提供していない点にある。

　ロボアドバイザー各社のサービスを比較してみると，内容は大差がない。どのケースにおいても顧客アンケートに基づいて中長期分析モデルが決定される。ロボアドバイザーの場合，分析モデルのパターン数はおおむね10～20程度である。

図表5－9　主要ロボアドバイザーの資産運用サービス

| ロボ・アドバイザー | 運用方法 中長期分散モデル | 運用アプローチ アロケーションの更新 | 投資対象 アセットクラス | ビークル |
|---|---|---|---|---|
| Betterment | 10種 | 静的 | 内外株式・内外債券12種 | ETF $10万以上は個別株も |
| wealthfront | 19種 | 静的 | 内外株式・内外債券・REIT・コモディティ11種 | ETF $10万以上は個別株も |
| PERSONAL CAPITAL | 6種 | 静的(5種) 動的(1種) | 内外株式・内外債券・オルタナ6種 | ETF、投信、株 |
| AssetBuilder | 8種 | 静的 | 内外株式・内外債券・REIT6種 | ETF |
| FutureAdvisor | n.a. | n.a. | n.a. | ETF |
| rebalance IRA | n.a. | 静的 | 内外株式・内外債券・REIT5種 | ETF |
| SigFig | 3種 | 静的 |  | ETF |
| covestor | なし（所属する投資顧問会社60社にベット） | - | 運用会社毎の60数種の運用ストラテジー | 株、債券、ETF、投信 |

（出所）　各社資料，CB Insight，ヒアリング，Aite GroupよりNRIアメリカ作成

中長期分析モデルが決定されると，それに応じたアセットアロケーション（資産配分方針）が決定される。たとえば株式に何パーセント，債券に何パーセントといった割合が決定される。国内株式，国内債券，REITといった資産のくくりを「アセットクラス」というが，アセットアロケーションに含まれるアセットクラスの種類もおおむね10から20種類程度だ。ロボアドバイザーの場合，ひとつのアセットクラスに投資されるのは，ほとんど1種類のETFだ。つまり10種類のアセットクラスを含んだアセットアロケーションが選択されたとすると，ロボアドバイザーは10種類のETFを購入する。

　いったん資産運用が開始されるとアセットアロケーションは変更されない。これをストラテジック（静的）アセットアロケーションと呼んでいる[16]。四半期ごとに資産配分の見直しをする動的なタクティカルアセットアロケーションを選択するロボアドバイザーもあるが，あまり例は多くない。

---

16　アメリカではストラテジックアロケーションと呼ぶことが多い。資産配分自体に戦略性が持たされているので，相場変動などがあってもアロケーションを変更することはない。このため静的アセットアロケーションと呼んでいる。これに対して投資ストラテジーに応じた大枠を決めておき，四半期ごとにアロケーションをある程度修正していく方法をタクティカルアセットアロケーション（動的アセットアロケーション）という。

第6章

# 仮想通貨とブロックチェーン

ビットコインという耳慣れない言葉が注目を集めたのは2013年から14年にかけてのことだ。2014年2月にはMt.Goxという日本企業が多額の損失を出し，会社更生法を申請した。損失は数百億円に達するとされたが，なぜか日本国内にほとんど被害者の存在しない奇妙な倒産劇だった。

　Suicaやnanacoといった電子マネーは日本に広く普及している。電子マネーと仮想通貨のビットコインは似ているようだが，根本的な違いがある。最大の違いは利用者と発行者の間の債権・債務の存在だ。電子マネーの場合，利用者はデポジットを支払って電子マネーを購入しているわけで，日本円とリンクされている代替通貨のような位置付けにある。一方，ビットコインはドルや日本円のような主要通貨と取引所で交換することができ，交換レートは毎日変動している。電子マネーは最終的に発行者が発行金額を保証しているが，ビットコインは取引するマーケットと相場変動があるだけで，通貨の価値を保証しているものが存在しない。

　一方，最近，ブロックチェーンに対する関心も高まっている。ブロックチェーンはビットコインというサービスのバックグラウンドの技術的な仕組みで，いわばビットコインのアーキテクチャーだ。ただし，ブロックチェーンというアーキテクチャーで実現できることはビットコインだけではない。ビットコインはブロックチェーンという技術が実装されたサービスのひとつということだ。最近はブロックチェーンそのものを利用して，ビットコインや仮想通貨以外の目的で金融サービスを作りあげようとする動きもみられる。

## 6-1 仮想通貨と電子マネー

　ビットコインに代表される仮想通貨がFinTechの代表例のひとつとして注目を受けている。「ビットコインに代表される」といういい方をしたのは，仮想通貨がビットコインだけではないからだが，不正事件の発生もあってビットコインに話題が集中している。ここではビットコインに限って仮想通貨と電子マネーを比較する。

　そもそも通貨とは一国の中央銀行が発行し，政府もしくは中央銀行が価値（債権）を保証することによってその信用を管理するものだが，仮想通貨は政府や中央銀行の管理を受けないし，誰かが通貨としての価値を保証するものではない。類似したものに電子マネーがあるが，電子マネーがあくまで通常の通貨の代替に過ぎないのに対して，仮想通貨はまったく別の仕組みだ。**図表6-1**に通常通貨，電子マネー，仮想通貨（ビットコイン）の比較を示した。

　仮想通貨が電子マネーと異なる最大のポイントは，管理者が存在するかどうかの点にある。電子マネーの場合，たとえばSuicaであればJR東日本が管理者としての責務を負っている。利用者は発行者へ利用を申し入れて，デポジットを支払えば，そのデポジットの範囲で電子マネーを利用することができる。Suicaに保管されている残高は，発行体であるJR東日本が保証する債権の額を示している。電子マネーを利用できる場所は，発行体であるJR東日本が決めた場所で，電子マネーを受け入れるための設備（たとえばJRの改札など）を備えている。

図表6-1　仮想通貨と電子マネーの比較

|  | 仮想通貨 | 電子マネー | 通貨 |
|---|---|---|---|
| 代表的な例 | ビットコイン | Suica, nanaco | 日本円 |
| 仕組み | P2P（Peer to Peer）技術と公開鍵暗号などの暗号技術により取引所が分散管理 | 発行体による集中管理 | 日本銀行による集中管理 |
| 信用担保の仕組み | ブロックチェーンによる分散管理 参加者が「マイニング」により通貨を発行することで信用を担保 | 利用者のデポジットと発行体の管理 | 日本銀行による発行量の管理と信用保証 |
| 発行上限 | 上限あり（2,100万枚） | 利用者のデポジットした金額が上限 | 上限なし |
| 債権・債務の関係 | 存在せず | 発行体が保証 | 日本銀行が債務を負う形で価値を保証 |

（出所）　NRI作成

　仮想通貨（ビットコイン）の場合，全体を管理する管理者が存在しない。システム全体の取引記録は，暗号化されたうえで参加者全員が共有される。このため実際に行った取引を不正に記録する参加者がいても，不正は露見してしまうので不正ができないという仕組みだ。取引されているのはあくまで仮想の通貨であるビットコイン。ビットコインの残高はSuicaとは異なり，債権・債務の関係を示すものではない。すなわち，ビットコインの価値を保証しているものは誰もいないが，その代わりに実際の通貨に交換してくれる取引所が存在する。詐欺事件を起こしたMt.Goxは取引所の代表例だ。

利用者の側からすると最大のメリットは，管理者のコストがかからないので，クレジットカードならば必要となる３％程度の手数料などがいらないということだ。手数料が必要ないためオンラインショッピングサイトやNPOがビットコインでの支払いを受け入れたことで利用範囲が急速に拡大した。

　また，仮想通貨は金融商品と同様に相場変動によって取引されており，しかも国境を越えた取引が容易に実現できるということも特徴だ。このためグローバルな資金決済の手段として注目を受けたが，同時にマネーロンダリングや不正送金の手段となる可能性があるため，あらためて各国での規制対象となっている。2016年2月では，中国の金融機関がビットコインを取引することは禁止されている。またビットコインを使った取引を違法行為としている国も多い。アメリカではビットコインの取引自体は合法的とされているものの，不正行為の温床とならないために当局の監視プロセスが強化されている。日本においても金融庁が仮想通貨への規制を検討している。

　最終的に信用を保証するものが存在しないという意味においては，ビットコインはネットゲームのアイテムと同等だ。それもそのはず，ビットコインのベースとなる考え方は，なんとネットゲームの中から生まれてきた。

　インターネットで参加できるネットゲームは参加者，市場規模ともに膨大なものになっているが，ここでは「アイテム」などさまざまな仮想的なモノが取引されている。日本でもネットゲームで利用するアイテムが高額になり，10代の子供が両親のカード決済で多額の負債を負ったケースなどが問題になったことがある。「アイテム」のような仮想物を取引する相場，

取引所もネット上では容易に作成することができる。そうした仮想的世界の産物が発展したものが，仮想通貨なのだ。

## 6-2 ビットコイン

ビットコイン[17]の起源は，ナカモトサトシ（中本哲史）という人物の書いた論文に基づいて，2009年に運用が開始された。だがナカモトサトシが誰なのかについては諸説あって判然としていない。中心的な存在となったのは日本に設立された取引所のMt.Goxだ。この会社はそもそもインターネット上の人気カードゲームであるMagic：The Gatheringのトレーディングカードを売買するオンライン交換所として開設された。社名の由来はMabic：The Gathering Online eXchangeからくるものだ。Mt.Goxは世界最大のビットコイン取引所であり，2013年4月の時点ではビットコイン取引量の70%を占めるといわれていた。

同社の設立がカードゲームに関連したものであったことでもわかるように，P2P（Peer to Peer）と呼ばれるビットコインの仕組みは，インターネット上のさまざまなサービスと関連が深い。Mt.Goxを設立したジェド・マケーレブ氏はかつてeDonkeyというP2Pのファイル共有ソフトを開発したことで知られている。このファイル共有ソフトはネット上で広く利用されて，かつては数千万人の利用者があったとされている。eDonkeyは単なるファイル共有ソフトであったが，利用者は音楽メディアなどの不

---

17　ビットコインの仕組みや背景についてはWikipedia（https://ja.wikipedia.org/wiki/%E3%83%93%E3%83%83%E3%83%88%E3%82%B3%E3%82%A4%E3%83%B3）などを参考にした。

正コピーにこれを利用したので，全米レコード協会が著作権侵害で訴えるという事態となり，2006年にサービスを停止した経緯がある。Mt.Gox設立者のジェド・マケーレブは2011年に同社をマルク・カルプレスに売却し，別のビジネスをスタートさせた。

　ビットコインは高騰と暴落を繰り返す奇妙な仮想通貨だと見られてきたが，アメリカの非営利団体である電子フロンティア財団がビットコインによる支払いを受け入れるなど徐々に利用が拡大していった。ビットコインにとって大きな転機となったのは中国における取引拡大だ。中国のIT大手バイドゥが2013年10月に自社のWebサイトセキュリティサービス利用者のビットコインによる決済をスタートさせたことにより，中国におけるビットコインの取引量が急拡大した。2013年11月には中国のビットコイン取引所BTC Chinaの取引量がMt.Goxを上回り，世界最大となった。中国での取引量拡大をきっかけにビットコインは暴騰し，1ビットコインが1,000USドル以上で取引されるにいたった。しかし中国人民銀行が中国金融機関に対してビットコインの交換を禁止したため，ビットコイン価格は暴落し，バイドゥもビットコインの受け入れを取りやめた。

　中国を起点とした混乱に前後して，Mt.Goxによる不正事件が発生する。Mt.Goxは2014年2月に突如，500億円相当のビットコインが盗まれたとしてすべての取引を停止し，その後，東京地方裁判所に民事再生法を申請した。その後，この事件はMt.GoxのカルプレスCEOによる詐欺事件として捜査が進められているとされる。一説によれば長い時間をかけてビットコインの不正な取引が行われていたが，それが露見しなかったとのことだ。

　不正事件によって信用を失ったビットコインだが，その後も徐々に利用

は拡大している。2014年10月時点でのビットコインの時価総額は5,000億円といわれている[18]。特にクレジットカードのように利用料がかからないメリットが評価されて、ネット上の決済に使われる範囲が増えている。2014年にはアメリカのオンライン旅行サイド最大手のエクスペディアが旅行代金の支払い方法としてビットコインを採用したほか、DELLコンピュータもネットにおける販売代金の支払い方法としてビットコインを採用した。GoogleやYahooなどのポータルサイトにはビットコインの為替レートがリアルタイムで調べられるようになっている[19]。2015年12月時点での為替レートは400ドル台である。

## 6-3　ブロックチェーン

　ブロックチェーン[20]はビットコインを実現するうえで、基礎となる技術で、基本的なプロトコルだ。ブロックチェーンをプロトコルとして利用し、具体的に実装したものがビットコインだが、ブロックチェーンの利用範囲は仮想通貨にとどまるものではない。なにかの取引を複数の参加者が行う際のプロトコルとしての利用であれば、論理的にはなんでも実現することは可能だ。ここではブロックチェーンの仕組みによって既存の金融取引のシステムにどのような可能性があるのかについて分析してみたい。

　このアーキテクチャーでは、取引履歴がブロックチェーンと呼ばれる

---

18　「楽天グループも導入，復活するビットイン」東洋経済ONLINE，2014.10.29（http://toyokeizai.net/articles/-/51701）

19　GoogleはGoogle Finance上に日本円やUSドルとビットコインの為替レートを表示している（https://www.google.com/finance?q=BTCJPY）。

20　木田幹久「ブロックチェーンって何？　電子上の取引履歴を残す「台帳」」週刊エコノミスト，2015年12月15日号，30頁

「台帳」に記録される。ブロックチェーンはネットワーク上の参加者が分散して記録している。過去のすべての取引をすべての参加者が記録しているため，これを見れば，取引の整合性を参加者の誰もが検証することができる。

　取引の際は取引情報（ビットコインであれば金額や受取人など）を，マイナー（採掘者）と呼ばれる参加者全員に送る。マイナーは，受け取った取引情報，すなわち「ブロック」をブロックチェーンの末尾に追加する。ブロックチェーンという名前は，取引情報である「ブロック」がチェーンのように追加されていくプロトコルだというところからきている。マイナーは新しいブロックを記録するためにある計算処理を行う。この計算処理はマイニングといわれ，マイナーが競争して行う。最初に計算を解いたマイナーが一定額の報酬を得て，ブロックをブロックチェーンに追加することができる。二重支払いなどの不整合性は，ブロックをブロックチェーンに記録する際に他のノードによってチェックされる。

　この仕組みを使ってビットコインが開発されたわけだが，ビットコインの実装上の特徴は，全体の管理者がいない点に加え，参加を希望すれば誰でも参加できるという2点にある。だが，ブロックチェーン自体は取引情報の管理，共有の仕組みなので，ビットコインとは違い，もちろん管理者を置いてもいいし，管理者が参加者をオーソライズしてもいい。むしろ金融機関にとっては，金融機関以外の参加者が自由に取引に参加することを望んでいるわけではないし，管理ルールをきちんとして参加者を制限する方が望しい。このためコンソーシアムを組んで，相互に金融取引をするためのプラットフォームにブロックチェーンを利用するアイデアが自然に発生し，いくつものベンチャー企業が誕生した。

ブロックチェーンを利用すれば理想的な取引システムができるのか。誰もが知りたいところだが，この答えは決してシンプルではない。金融マーケットの既存のシステムでは取引のプロセスはおおむね標準化されている。マーケット情報に基づいて買い手が注文を出す。売り手が注文価格に合意すると約定となる。最終的に取引が成立するとコンファメーションが送られて決済される。取引自体はもともと取引所で証券会社の社員同士が人手で行っていたものを電子化してシステム上に移しただけのことで，この部分だけを取り上げればブロックチェーンよりもはるかに単純なプロトコルだ。

　金融機関が利用しているバックオフィスシステムには，シンプルな構造の取引システムの周辺に相当複雑な業務システムが付随している。取引プロセスだけをブロックチェーンに変更しても，周辺業務は複雑だ。最悪の場合，周辺システムの作り直しのためにかえって大きなコストがかかってしまう可能性も否定できない。

　テキストメッセージをやりとりしている既存の取引システムのみをブロックチェーンに置き換えることは比較的容易に実現できると思われる。しかしそれだけでは複雑なブロックチェーンを導入するメリットが得られない。既存システムよりも取引結果を早く得られたり，多くのトランザクションを処理できるなど，大きなメリットが発生するアイデアが出現するかどうかがブロックチェーン技術活用の鍵なのだ。

## 6-4　金融機関によるブロックチェーン技術の活用

　ビットコインは現実の通貨の代替となる仮想通貨を作り出し，既存の金融システムとは異なる通貨システムを目指したものであった。一方，ビットコインのベースとなったブロックチェーン技術はアイデア次第でさまざまな取引への応用が可能である。このため金融機関自体がブロックチェーンを利用して，既存の金融取引のプロセスを改革しようという動きが出てきた。ここでもスタートアップのベンチャー企業が大きな役割を果たしている。ブロックチェーンがFinTechスタートアップのひとつの有力なジャンルになっている。

　金融機関はコストのかからない決済プロトコルとしてブロックチェーンを評価している。このため評価検討を進める金融機関同士がコンソーシアムをつくって金融取引へのブロックチェーン技術の応用を共同で検討する動きが広まっている。管理者を置かず，誰もが自由に参加できるビットコインと違い，相互に認められた金融機関のみが参加することで，決済・取引システムとしての信頼性をあげることができると考えている。

　R3というスタートアップ企業がリードするブロックチェーンコンソーシアムは，三菱UFJファイナンシャルグループやみずほファイナンシャルグループがコンソーシアムに参加したこともあって，日本でも注目を受けている[21]。R3はロンドンの金融取引専門会社であるICAPの出身者が中

---

21　「三菱UFJがブロックチェーン技術の国際団体に加入。国内でも関連サービスが相次ぎ登場」日経ITpro, 2015.10.22（http://itpro.nikkeibp.co.jp/atcl/column/14/346926/101700359/）

心となって設立されたスタートアップ企業で，当初からコンソーシアムに参加した9社が資本参加もしている。当初からコンソーシアムに参加したのはゴールドマン・サックス，JPモルガン，Credit Suisse，Barclays，Commonwealth Bank of Australia，State Street，RBS，BBVA，UBSの9社であったが，その後，参加金融機関が増えて，10月末時点では25金融機関が参加している[22]。

このコンソーシアムでは参加金融機関が情報を出しあって，共同でブロックチェーン技術による電子取引の実証実験を行うものだ。R3はブロックチェーンによる電子取引システムをうまく実現できれば，各社が数十億ドルのコストをかけている既存のバックオフィスシステムを代替できる可能性があると主張している。

R3は既存の金融システムと統合できるブロックチェーンプラットフォームを2年以内につくり上げるとしており，12ヶ月以内にプロトタイプを作成し，金融機関プラットフォームとしての有益性を立証するとしている。同社はオープンソースのブロックチェーンを利用してこれを開発しており，コンソーシアム参加企業との実証実験で有益性の検証を進めていく考えだ。

R3ブロックチェーンが想定する利用範囲は融資，OTCデリバティブ，決済，シンジケートローン，貿易金融などと幅広い。実際の利用を考えると規制との整合性など，技術面以外の課題も多く残されている。参加した金融機関の中には情報を得るだけの目的のところも多いとみられている。

---

[22] "Blockchain initiative backed by 9 large investment banks", Philip Stafford, Financial Times, Sep. 15, 2015 (http://www.ft.com/intl/cms/s/0/f358ed6c-5ae0-11e5-9846-de406ccb37f2.html)

多数の参加企業が合意しながらスタンダードを決定していくにはかなりの時間がかかるとみられる。各社がすでに独自に進めているブロックチェーン検証の結果や開発したソフトウェアをどの程度共有することができるかも大きな課題となる。スタンダードが確立されて，業界共通のインフラが生まれないことには電子取引もバックオフィスのコストダウンも実現しない。

一方，コンソーシアムに頼るのではなく，独自にブロックチェーンの応用を進めようとする動きも引き続き活発だ。デリバティブや転換社債（CB）など，取引所を経由せずに相対取引（OTC）で取引されている取引をブロックチェーンベースの電子取引システムへ置き換えていこうというトライアルが進められている。実証実験の事例を図表6－2に示した。

ブロックチェーンへの取組みは2015年末にかけて急速に進展している。アメリカの証券取引所NASDAQは未公開株の取引システムを，ブロックチェーンをベースに開発し，Nasdaq Linqと名付けた[23]。すでにChain.com，ChangeTip，PeerNova，Synack，TangoおよびVeraといった未公開企業の未公開株を使って実証実験を完了し，6ヶ月後には他の未公開株にも取引を拡大すると発表した（2015年10月27日）。NASDAQの未公開株取引システムはブロックチェーンを利用した実際の取引システムとしては世界初のものだといわれている。

また11月には，ゴールドマン・サックスがブロックチェーンに関する特許を申請したことが判明している[24]。

---

23　NASDAQ資料（http://www.nasdaq.com/press-release/nasdaq-announces-inaugural-clients-for-initial-blockchainenabled-platform-nasdaq-linq-20151027-00986）

| 図表6-2 | | アメリカにおけるブロックチェーン技術への取組み事例 |
|---|---|---|
| 金融機関 | FinTech企業 | 取組み内容 |
| NASDAQ | chain | ・Nasdaqはビットコインプロトコルが証券取引所市場と親和性が高いとして着目しており未公開株や有価証券をブロックチェーンで取引決済するトライアルを開始した。トライアルにはビットコインに類似したOpen Assetというプロトコル（Colored Coins）が使われている。<br>・未公開企業の株式には共通のシステムが存在しないため未公開株式市場の株式管理機能強化が課題となっている。将来的には未公開企業の有価証券の発行や管理取引を効率的に行うことができるようにすることが目標。 |
| （NYSE出身者等→） | symbiont | ・スマートコントラクトを用いてブロックチェーンで証券の発行・管理ができるソリューションを提供。<br>・将来的にはDTCCなどの決済機関のいらない取引システムを目指すが当面は金融機関の相互取引（OTC）における業務の合理化が可能なソリューションとして提供を目指す。すでに数社がCB取引などで実証実験開始。 |
| （Chi-x創設者→） | SETL | ・マルチ貨幣・マルチ資産の取引・決済サービス。<br>・参加者同士で直接現金や資産を遣り取り。<br>・ビットコインと異なりSETLのブロックチェーンは参加者アイデンティティを要求。参加者アイデンティティを要求することで高速な取引・決済サービスを提供。<br>・テスト時は秒間5,000トランザクションだが本格稼働時は秒間10万トランザクションを見込み。 |

| | | |
|---|---|---|
| UBS | Clearmatics | ・金融機関同士のPostトレード決済に使われるブロックチェーンプラットフォームとしてUtility Settlement CoinをClearmaticsと共同で開発中。<br>・UBSはビットコインのような仮想通貨を発行するのではなく資産管理会社・規制当局・クリアリングハウス・取引所などと組んで有価証券取引所の業界インフラにつなげたい意向。<br>・ClearmaticsはOTC市場クリアリングのブロックチェーンプラットフォームを開発している。金融トランザクションの清算・決済をブロックチェーンで行うサービス開発を目指す。<br>・オーソライズされた参加者だけがトランザクションを検証できる点に特徴があり，ビットコインとは異なっている。 |

（出所）　各種資料よりNRI作成

　さらに12月に入ると，オーストラリアの大手銀行であるCommonwealth Bank of Australiaがブロックチェーンを使って実証実験を完了したとの発表もあった[25]。

　証券取引におけるブロックチェーンの活用は今後ますます活発になることが予想される。活用プロジェクトを進めるベンチャー企業や開発者の立場からすれば，究極のゴールは取引所や証券保険振替機関のいらない取引

---

24 "Goldman Sachs Seeking Crypto Trade Settlement Patent", Stan Higgins, CoinDesk Dec. 1, 2015（http://www.coindesk.com/goldman-sachs-crypto-patent/）
25 "CBA builds a blockchain in its innovation lab", James Eyers, Financial Review, Dec. 6, 2015（http://www.afr.com/business/banking-and-finance/cba-builds-a-blockchain-in-its-innovation-lab-20151206-glgj6y）

システムの実現だ。公共の仕組みにブロックチェーンが利用されるには，政治的な面も含めてかなり高いハードルが存在する。先行する金融機関も，当初は金融機関同士の取引であるOTC（相対取引）や社内システムでの活用といったクローズドな利用場面における評価・活用を先行させるようだ。

　R3のコンソーシアムが目指す業界標準化活動からはしばらく目が離せない。参加するメンバーの数は，急速に拡大している。しかし一方で，参加企業数が増えれば増えるほど本来の標準化活動のための合意形成には時間がかかる。R3コンソーシアムに参加しながらも，自社独自のトライアル活動を並行して進めている参加企業もみられる。R3コンソーシアムについては標準化よりも，他社情報の取得が目的だと公言する参加企業もあるようだ。

　金融業界の多様な取引システムがブロックチェーンで再構築できるかどうかという点について，業界関係者の意見はおおむね肯定的だ。しかし一方で，再構築することによってどの程度の恩恵を業界が受けられるのかについての評価はこれからだ。すでに述べたように，既存取引システムの中核部分はテキストメッセージを交換するだけの単純な仕組みだ。ブロックチェーンを使えば，その部分に限っていえば既存システムよりもはるかに複雑なものになるはずだ。データを参加者がすべて共有するといった，ブロックチェーンのユニークな特徴が取引自体を高速化したり，これまで不可能だった取引を可能にするといったメリットを産み出さない限り，単純な再構築にメリットは少ないだろう。

　ブロックチェーンのアーキテクチャーが複雑で，この技術を扱うには高

度な専門性を要する点もひとつの課題となる可能性がある。取引所のような公益性のあるシステムにブロックチェーンを利用することは一部の専門企業などに利権を与える結果になるかも知れないからだ。特に複数の国が関与するグローバル標準としてこの技術の採用が検討される場合，各国の利害がぶつかってしまうのではないだろうか。

第7章

# クラウドファンディング

## 7-1　クラウドファンディングの分類

　クラウドファンディング（CrowdFunding）とは，群衆（crowd）と資金調達（funding）を組み合わせた造語で，ネット上でさまざまな目的の資金を集めるサービスだ。クラウドコンピューティングのクラウド（雲）とは意味が異なる。大きな災害の被災者への募金や難病患者の治療費を集める募金サイトはネット上にいくらでも存在するが，これもクラウドファンディングの一種だ。資金調達の利便性を向上させたり，特定の目的のために機能を拡張したりして，多様な種類のクラウドファンディングが発展した。通常は集める資金の目的によって4種類に分類されている。

① 見返りを期待しない募金活動
② イベント活動などへのカンパを目的としたもの
③ ベンチャー企業への投資など，株や社債へ投資するもの
④ 個人ローンを提供するもの（ソーシャルレンディング）

　見返りを期待しない募金活動は通常NPO団体において実施されているケースが多い。事業目的ということではないので，ここでは分析対象から除外する。

　イベント活動などのカンパ（②）を目的としたクラウドファンディングの代表例はKickstarter（キックスターター）だ。このサービスの場合，自主制作の映画，音楽制作，コンピュータゲームや漫画など，さまざまな目的の活動を目指す参加者が，集めたい金額と利用目的をサイトに登録する。ネット上で目標とした金額が集められると，プロジェクトがスタート

するという仕組みだ。資金を提供する目的はあくまで経済的な利益ではなく，プロジェクトオーナーからの感謝のノートや，プロジェクト関係者との会食，あるいはイベントへの参加などだが，試作品の販売のような用途で利用するケースも見られる。プロジェクトで集める金額は数千ドルのものが大半だが，100万ドルを上回る資金を集めるプロジェクトもある。Kickstarterは集められたファンドの5％を手数料として徴収する。

②のサービスをさらに進め，本格的な営利目的のビジネスとしてネット上で未公開企業のシードマネーを集めるサービスが③のタイプだ。株式や有価証券への投資は証券取引委員会（SEC）によって厳しく規制されており，投資を勧誘する業者はSECへ登録することが求められている。投資家保護の観点から，設立当初のベンチャー企業への投資を一般投資家に勧誘することは禁止されていた。これは得体の知れない企業の設立資金を勧誘することで詐欺などの不正行為が発生しないための規制だ。だからシードマネーといわれるベンチャー企業の設立当初の資金については一般への勧誘ができず，一部のベンチャーキャピタルの人的ネットワークの中でいわゆる口コミで情報が伝達されてきた。ベンチャーキャピタルにおいて人的ネットワークが大事だという所以である。

ところがこの規制を定めたJOBS Actが最近改正され，いわゆるクラウドファンディング条項（crowdfunding exemption）が追加された。この結果，クラウドファンディングでベンチャー資金を集めることが認められるようになり，ネットビジネスのさらなる加速化が期待されている。クラウドファンディング条項では12ヶ月の期間中に100万ドルまで登録なしに証券を発行することができる。ただし，個人への販売については，投資家保護の観点から投資金額の上限が定められている[26]。

クラウドファンディング条項はネットビジネスの加速化を進めるための政策として注目を受けているものの，実際にはクラウドファンディングによるベンチャー企業の起業はまだ一般的なものにはなっていない。12ヶ月で100万ドルという投資額はシードマネーとして中途半端で，十分な資金を集められないということが大きな理由だ。またSECに対する説明の負担が大きすぎるという指摘もある。せっかく集まった投資をSEC向け資料の作成で使い果たしたという笑えない話も耳にする。アメリカでは一般投資家が損失を被ったときの損害賠償訴訟が多発している。このためクラウドファンディングにおいて損害賠償訴訟がさらに増えるのではないかと懸念する専門家も多い[27]。

　クラウドファンディング条項に類似したものは日本にも存在する。日本では2014年5月の金融商品取引法改正によって投資型（③）クラウドファンディングの参入要件が緩和され，クラウドファンディングによる資金集めに道が開かれた。だがアメリカと同様の理由で，ベンチャー投資の拡大へつながる動きにはいたっていない。

　事業目的のサービスとしてクラウドファンディングはまだ発展途上のものが多い。例外はソーシャルレンディングだ。Lending Clubが2014年にニューヨーク証券取引所に上場したことから，ソーシャルレンディングはFinTechのメインビジネスとして着目されている。ソーシャルレンディングについては次節で詳しく触れることにする。

---

26 「JOBS ACTによる米国証券法等の改正」Startup Innovators, 2015.11.26（http://startupinnovators.jp/home/%E3%81%9D%E3%81%AE%E4%BB%96/jobs-act/）
27 "SEC Approves Title III of JOBS Act, Equity Crowdfunding with Non-Accrediteds" Chance Barnett, Forbes, Oct. 30, 2015（http://www.forbes.com/sites/chancebarnett/2015/10/30/sec-approves-title-iii-of-jobs-act-equity-crowdfunding-with-non-accredited/）

## 7-2 仮想現実社会の中で生まれたソーシャルレンディング

ソーシャルレンディングはいわばネット版の消費者金融のようなサービスだ。アメリカではネット上で，借り手と貸し手を結びつけるサービスを行っているサイトがいくつも存在する。最大手のLending Clubが2014年12月にニューヨーク取引所に上場し，8億7,000万ドルを調達した[28]ため，FinTechの代表銘柄のように扱われている。

ソーシャルレンディングがアメリカで広まったのはおそらくセカンドライフのような仮想世界のブームからではなかったかと推察している。サービスがスタートした当初，このビジネスをリードしたProsper（プロスパー）のサービスは，インターネットに広まった仮想現実社会を意識させるものだ。Prosperの当初のサービスは仮想現実社会の中におかれたリアルな機能だったわけだ。仮想現実社会の中にアバターが会話するユーザグループができあがり，そこのコミュニケーションを通じてアバターがリアルに融資を行うという場面はとても刺激的だった。

アメリカの消費者は日本よりも個人ローンを利用する機会が多い。もっとも多く利用されているローンはクレジットカードローンだ。日本ではクレジットカードの支払いが毎月銀行引き落としで決済されるため，クレジットカードに金利はつかないのが普通だが，アメリカの場合には日本のリボルビング支払いに似た仕組みが一般的なので，常に残高に対する金利を

---

[28]「レンディングクラブ，NYSE上場初日を56％高で終了」Corrie Driebush, Ianthe Jeanne Dugan, Telis Demos The Wall Street Journal日本版2014年12月12日（http://jp.wsj.com/articles/SB11919928302643643447004580331590840527802）

支払う必要がある。だからローンの仕組みが存在するというのはアメリカ人にとって仮想現実社会のリアルさを感じさせる。

　アメリカの無担保消費者ローンの金利はさまざまだが，銀行からの借入の場合で12〜13％程度，クレジットカード会社の場合で14％程度が一般的だ。延滞すると遅延損害金としてさらに高い金利を支払う必要がある。それに対してソーシャルレンディングでは，条件によっては7％以下で3万ドル程度の資金を借り入れることができる。ただしソーシャルレンディングが拡大するにつれて，従来の消費者ローンとソーシャルレンディングの貸出金利の差は小さくなってきているようだ。2014年9月におけるLending Club標準ローンの平均貸出金利は14％程度であったとされている。

　ソーシャルレンディングの資金使途としては金利のメリットをいかしてクレジットカードの借入金借換えに利用する例が多い。旅行や自宅の修繕といった一時的費用のための借入もある。対象は個人だけではなく，あまり多くはないが中小企業へ事業資金の融資もサービスしている。既存のローンと資金使途は大きく変わらない。

　一方，ソーシャルレンディングの資金を提供しているのはネットユーザだ。ソーシャルレンディングのサイトに登録すれば簡単に貸出を行うことができる。Lending Clubの資料によれば平均の利回りは7％前後に達するとのことで，定期預金などと比較してはるかに高い利回りが期待できる。貸し手はサイトに表示された借り手の格付け情報などを参考に，貸出先を選択する。

借り手と貸し手をつなぐ仕組みがソーシャルレンディングだが，借り手と貸し手は一対一の関係ではない。借り手がたとえば1万ドル必要だとした場合，貸し手はその一部，たとえば1,000ドルを貸すという意思表示（入札）をする。数人の貸し手が集まって，1万ドル以上の金額に達することが確定すると，借り手はレンディングサービスと提携している銀行から1万ドルの融資を受けることになる。銀行は融資の債権をレンディングサービスへ譲渡する。レンディングサービスは貸し手に対して入札金額に応じた有価証券を販売することになる。借り手が融資を受けるのは銀行だが，債権が譲渡されているため，返済する相手先はレンディングサービスである。

## [1] サブプライムローン問題の影響とSECによる規制

ソーシャルレンディングサービスの法律的な位置付けは当初，明確なものではなかった。しかし借り手に融資するのが銀行で，レンディングサービスは貸出債権を小分けにして販売しているスキームになるので，実態は有価証券の販売に近い。このため米国証券取引委員会（SEC）はレンディングサービスの業者に対する規制を開始した。SECがソーシャルレンディング業者に対して証券業として登録することを勧告したのは2008年のことだ。当時，アメリカの金融業界はサブプライムローン問題とそれに続くリーマンショックに苦しんでいた。

銀行がクレジットレーティングの低い個人に対して，住宅ローンなどのローンを拡大させた結果，サブプライムローン債権を組み込んだ証券化商品と呼ばれるデリバティブ債券の価格が暴落したのがサブプライムローン問題だ。サブプライムローンの破綻はソーシャルレンディングへも大きな影響を及ぼした。

当時，最大手だったProsperの貸倒率は2006年から07年にかけて30％前後に達した。これはProsperに登録して資金を提供していた貸し手に大きなダメージを与え，Prosperのサービス利用者を激減させた。それに対して後発であったLending Clubは融資の対象をクレジットスコア640点以上に限定した。クレジットスコアが640点以上であればいわゆるサブプライム層が除外されるので，貸倒率は大幅に低下する。

　ProsperはSECに登録するための準備として業務を一時停止し，2009年に再スタートした。サービス再開にあたり，クレジットスコアをLending Clubと同じ640点以上としてサブプライム層を除外した。一方，Lending ClubはProsperよりも貸倒問題の影響を受けなかった。またSEC登録のための準備期間においてもサービスを停止せず，自己資金を使ってローンを提供し続けたので，ソーシャルレンディングサービスにおけるトップのポジションはProsperからLending Clubへ交替する結果となった。

　Prosperはネット上の仮想現実社会の延長として理想のサービスを追求しようとしたものの，結果的にはクレジットスコアに重きをおいたLending Clubのビジネスモデルが優れていることを印象付ける結果となった。またSECの規制を受けることが明確となったことも大きな変化であった[29]。

---

29　藤原七重「初期プロスパーにおけるビジネスモデルとその限界」早稲田大学クレジットビジネス研究所Working Paper，2011年11月（http://www.waseda.jp/prj-ircfs/pdf/ircb11-003.pdf）

## [2] レンディングクラブ

　Lending Club（レンディングクラブ）は，ネットで貸付をするソーシャルレンディングの最大手企業で，2007年に設立された。2014年12月にはニューヨーク証券取引所に上場し，8億7,000万ドルを株式市場から調達した。同社は自社の位置付けをOnline Credit Market Placeとしており，個人や企業の信用をネットで仲介するビジネスだと定義している。同社のサービスはアメリカで個人の信用情報として一般的に使われているクレジットスコアをベースに信用情報を作成しているので，現在は貸出（投資），借入ともアメリカ国内でのサービスに限定されている。

　Lending Clubはクレジットヒストリーの分析から借り手をAからGまでのランクに分けて，融資金額の上限や金利などをそれぞれ決定する。最上位のAランクとランク付けされた場合には7.51％，最下位のGランクの場合で25.13％と信用力によって貸出金利に大きな差がつけられる。

　一方，貸し手は25ドル単位で指定のランクのローンを選択して投資する。Aランクのローンを選択すれば貸倒は最小限だが，金利は低い。リスクを覚悟して低いランクのローンを選択すればより大きな金利を得ることが可能だ。

　実際の融資はLending Clubと提携している地方銀行が行う。地方銀行は信用リスクを避けるために，融資した債権をLending Clubへ譲渡する。このため借り手は提携銀行ではなくLending Clubへ返済資金を返すことになる。

Lending Clubの融資残高は2014年に62億ドルを上回り，その後も四半期ごとに20億ドル程度のペースで融資を拡大している。アメリカでは拠出年金やIRA（個人退職勘定）の投資先としてLending Clubを設定することが可能になっており，一般的な資産運用のひとつとして認知されている。

　貸し手と借り手を結び付けるネット上の仕組みにLending Clubの強みがあるのはもちろんだが，借り手のデータと独自のアルゴリズムを駆使して，単純なクレジットスコアによる信用分析よりも信頼性の高い信用情報の提供が同社の最大の強みだ。同社の株主にはGoogleなどネットビジネスの大手や有力ベンチャー企業が含まれており，このこともLending Clubの将来性に期待を持たせる結果となっている。

　Lending Clubの融資残高や売上は順調に伸びているものの，2014年の上場後，同社の株価は低迷している。スタート当初はネット上の個人が主たる貸し手であったのに対し，同社の融資残高が増えるにつれて，ヘッジファンドなどの機関投資家が新たな貸し手として登場してきているようだ。現在は資金の大半を機関投資家が担っているというレポートも見られる[30]。クレジットスコアを元に機関投資家が投資するというスキームは，通常の消費者ローンにかなり近いものになってしまった。

　Lending Clubのレナルド・ラプランシェCEOは「米国でのクレジットカード利用残高は9,000億ドルであり，顧客は利率の高いクレジットカードからの借り換え需要はまだ膨大に残されている」と説明しているが，

---

30　「レンディングクラブの入会金は高すぎる」Rory Gallivan, Wall Street Journal日本版 2015年2月20日（http://jp.wsj.com/articles/SB11096553489394754382504804724301928 12538）

Lending Clubの借入条件はクレジットカードや銀行とあまり大きな差がなくなりつつあるのが実態だ。

## [3] 日本のクラウドファンディング

　日本でもクラウドファンディングの仕組みを使ったサービスがすでにスタートしている。代表的なものとしてmaneoやSBIソーシャルレンディングなどがあげられる。両社ともアメリカのソーシャルレンディングに近いサービスを実施しているが、Lending Clubが個人向けの無担保ローンを中心にしているのに対して、両社とも当初提供していた無担保の消費者ローンから撤退してしまった。現在はmaneoの場合は事業性ローン、SBIソーシャルレンディングの場合には証券担保ローンのみをサービスしている。

　日本では数年前に起きた消費者金融問題の影響で、貸金業に対して非常に厳しい規制がなされている。ソーシャルレンディングを個人に対してサービスするには貸金業としての登録が義務付けられる。また個人に対する無担保ローンを提供するには、総量規制をクリアする必要がある。つまり多重債務を防ぐために事前にその個人が他社から借り入れている金額をチェックして、借入が一定限度内に収まっていることを確認する。これらの手続きは複雑で、システム投資もかなり大きなものになるため、ソーシャルレンディングを個人向けに実施するには大きな投資が必要となる。

　maneoやSBIソーシャルレンディングの場合、借り手に対して資金を融資するのはそれぞれの運営会社であり、両社はともに貸金業の登録を行っている。一方、貸出する資金はローンプールのようなファンドとしてそれぞれ運営されており、審査をクリアした借り手に対してローンプールファ

ンドから貸し出しされる。

　資金提供する貸し手はローンプールファンドを購入するわけだが，これはファンドの募集にあたるため，金融商品取引法の規制を受ける。金融商品取引法ではファンドをどのような形態で販売するかによって，金融商品取扱業者としての位置付けが異なってくる。社債や株式のような有価証券を販売する形式をとる場合，第1種金融商品取引業者（つまり証券会社）として届け出る必要があるが，この登録要件はかなり厳しいうえ，非上場株式の募集または私募の取扱いは，日本証券業協会の自主規制規則により禁止されている。このため日本のクラウドファンディングの場合，第2種金融商品取引業者として登録し，投資組合を作る形態をとることが一般的だ。資金を提供しようとする貸し手はサービス提供者との間で匿名組合契約という契約を交わすことになる。

　匿名組合契約という耳慣れない契約が，資金を出すたびに必要となることから，手続きも複雑だ。出資の単位も数百万円以上のものになる。ネット上でクリックすれば契約が成立するLending Clubのような手軽さは望めないわけだ。小額の資金を多数のユーザから集めることでリスクが分散できるというソーシャルレンディングのメリットも失われてしまうのが実情だ。

第 8 章

# FinTechのこれから

ここまでスタートアップ企業のFinTech 2.0の話題を中心にFinTechを見てきたが，FinTechの金融ビジネスにおける重要性は決してスタートアップ企業だけのものではない。むしろ金融機関そのものが，第3世代プラットフォームに遭遇してどのように変革していけるのかという点こそが重要であり，スタートアップ企業の取込みや新しいソリューションへの投資はそのための手段に過ぎない。

　クラウド，モバイル，マシンラーニングといった新しいテクノロジー環境の出現によって金融機関は大きなチャレンジのときを迎えている。GEがソフトウェア企業へ変身すると宣言したように，メガ金融機関が変わろうとしている。金融機関のデジタルトランスフォーメーションだ。

## 8-1 金融機関のデジタルトランスフォーメーション

　金融機関にとって目の前にある最大のチャレンジはロボアドバイザーやブロックチェーンといったひとつひとつのソリューションではなく，第3世代プラットフォームにあわせて自ずからを変革していくことだ。第3世代プラットフォームは人々の生活を大きく変化させていく。モバイルプラットフォームはコミュニケーションツールとしてだけではなく，決済端末やIoTデバイスとしてさらにわれわれの生活に入り込んでいくだろう。モバイルプラットフォームとスマートフォンの進化はまだまだ続く。日本でも電車の中で新聞や本を広げる人の姿を見なくなった。アメリカではUberがタクシーやレンタカーを隅へ押しやっている。

　やがてApple Watchを使ってApple Payで支払いすることがあたり前

の世界が到来するだろう。iPhoneが提供する指紋認証を組み合わせれば，クレジットカードや現金など，現在のどの支払い手段よりもセキュアな決済手段ができあがるかもしれない。振り込め詐欺やネット犯罪を防止する手段だって実現する可能性がある。今後，人々の生活が第3世代プラットフォームへ移るのにともなって，金融機関は自らを第3世代プラットフォームにあわせた形に変革していかねばならない。

夢物語ではない。私は最近，現金を使う頻度が極端に減ってきた。ほとんどクレジットカードで支払うか，Suicaやnanacoなどの電子マネーを使うことが多い。それでも現金を使う機会はまだ残されているが，やがて完全なキャッシュレスの時代がやってきてもまったく不思議ではない。

キャッシュが必要ない世界ではATMで現金を下ろす必要はない。10年前と比べると日本でも銀行店舗の役割はずいぶん変わったが，ATMが必要なければ銀行店舗の役割はいったいどうなるのだろうか。

だが，どの金融機関にとっても，目の前にある現実はデジタルトランスフォーメーションに程遠い。規則やルールでがんじがらめにされて，制度対応に追われるのが現実だ。いまだにメインフレームコンピュータで動く銀行勘定系システムはクラウドコンピューティングどころの話ではない。

銀行や証券会社の店舗を訪問する機会はぐっと減ってしまったが，久しぶりに銀行の営業店を顧客として訪問する機会があった。正直なところ，20年前と何ら変わっていないことに驚く。何か手続きをするたびに紙で申込書を作成する必要がある。もちろん2種類の申込書には2回住所を記入しなくてはならない。昔と違うのは本人確認書類の提出だ。銀行員が不便

を詫びながらいちいち免許証のコピーをカウンターの裏のコピー機でとる。20年前であれば免許証などなくても自分の口座に残高があれば振込ぐらいできたものだが。

　証券会社も同じだ。投資信託などの金融商品を購入しようと営業店を訪問すると，最後にその投資信託がいかにリスクを持ったものかを説明する文章を営業員が朗読する。それを背後で課長席の男性がチェックする。インターネットで投資信託を購入するときには不要な光景だ。

　どこの金融機関でも大なり小なり同じような光景がみられるのではないか。店頭だけではない。バックオフィスにおける業務フローはおそらく20年前と同じだ。いや，毎年積み重なる新しい制度や規制への対応で，事務フローはさらに複雑化してしまっている。顧客本位に改善されるどころか，改悪されている可能性だってあるのだ。スマートフォンがクラウドなどの第3世代プラットフォームが一新させたネット上の世界とは対極ではないか。

　Appleは音楽，ビデオなどの観賞や観光や旅行，ジョギングなどの趣味と，ユーザのありとあらゆる生活スタイルを，コミュニケーションを軸にして，iPhoneへエコシステムとして取り込んだ。Appleが占有するiPhoneユーザの時間は長い。ミレニアルズの80%はベッドでもスマートフォンを手放さない。

　Appleはユーザの使いやすさを追求して4Gネットワーク，WIFIといったネットワーク機能を強化したり，セキュリティーを高めるために指紋認証のためのセンサーをiPhoneに搭載した。ユーザイクスペリエンス[31]を

向上させるために，新しい技術を総動員した。反対に日本の金融機関はいまだに印鑑と紙が横行する世界だ。バックオフィスの業務フローに四苦八苦していて，顧客満足度には目が向かない。金融機関と顧客の接点はどんどん減っている。まるで，金融機関の店舗へ誰も来ないよう努力しているようだ。

FinTech 2.0のベンチャー企業が金融ビジネスへ関心を持った最大のポイントがここにある。ベンチャー企業にとって最も参入障壁の高い金融ビジネスに，彼らがあえて参入する動機となったのは，金融機関のこうした姿勢ではなかろうか。つまり，金融機関が顧客を無視して自らの論理で金融サービスを複雑化させている姿は，ユーザイクスペリエンスを最重要と考えるネット企業から見ると，Disrupt（ぶっつぶす！）の格好のターゲットと映ったのだ。

第3世代プラットフォームの到来と目先に積みあがった既存システムの抱える現実。金融機関はいずれも双方の現実に対応していかねばならない。

## 8-2　FinTech 2.0の行方

2016年に入り，証券マーケットのトレンドはどうやら大きく変化してきたようだ。ベンチャーキャピタルの投資姿勢もかなり保守的に変わってきている。ウォールストリートジャーナルによれば，アメリカのFinTech

---

31　製品やサービスを利用したときに得られる体験の総体をユーザイクスペリエンスという。個別の機能や使いやすさのみならず，ユーザが真にやりたいことを楽しく，心地よく実現できるかどうかを重視した概念。もともとAppleコンピュータが考案した概念だが，現在ではITやネット社会で普通に使われる。サービスを利用するときの顧客満足度。

スタートアップ企業への投資額が2015年第4四半期（10〜12月）には前四半期比20％減と過去2年で最大のマイナス幅となった。同じく取引件数も11％減の310件となった。すでに上場しているFinTech 2.0の株価も下落しており，2016年初からの株価下落局面でさらに値を下げている。Lending Club，オンデック・キャピタル，SquareなどSquareなど2015年の年間株価騰落率は平均−24％であり，これは米大手銀24行の下落幅（−16％）よりも大きく下落した[32]。FinTech株価の下落傾向は2016年も改善されそうにない。FinTech 2.0のスタートアップ企業へのベンチャー投資ブームはすでに峠を越えたとの見方が強まっている。2016年はFinTechベンチャーにとって厳しい年になりそうだ。

　証券マーケットの動向にかかわらず，スタートアップ企業の大半は倒産したり，吸収されることになるだろう。それがベンチャー企業の常だ。うまくビジネスを立ち上げたスタートアップ企業は，老舗FinTech企業や金融機関に買収されることだろう。金融機関にとってひとつのITソリューションを創り上げるために必要な投資は数十億円の規模に達することも珍しいものではない。これを考えればある程度ビジネスモデルを完成させたスタートアップ企業を会社ごと買収するのは合理的な選択なのだ。日本企業にとっても優れた技術力をもったFinTech 2.0スタートアップ企業を傘下に収めるには良いタイミングが到来するかもしれない。

　だが，ザッカーバークCEOが大学生だった頃のFacebookに投資できるといったようなうまい儲け話がFinTech 2.0に隠されていると考えるのはどうやら間違っている。FinTech 2.0のスタートアップ企業がFacebookや

---

[32] TELIS DEMOS and PETER RUDEGEAIR, Wall Street Journal Jan. 25, 2016
（http://jp.wsj.com/articles/SB10519349150193173538704581499613204609344）

Amazonのように既存企業から死角にある秘密の場所を知っていて，そこに巨大ビジネスを作りあげるといった可能性に多くを期待すべきではない。すでに見てきたように，ロボアドバイザーもブロックチェーンも既存金融機関の既存システムの中に活路を見出そうとしている。スタートアップ企業へ投資するのであれば，資本金だけではなく，その会社の成長するためのマーケットをも提供する意思をもって進めるべきだと考える。

　FinTech 2.0のスタートアップとは別に，金融機関にとって大きな関心を払わなければならないのが，クラウド勝ち組のメガベンチャーの動向だ。GoogleがLending Clubへ出資したように，今後もメガベンチャーがFinTech 2.0のスタートアップ企業を傘下に組み入れる可能性は高い。また，Googleが自動運転車の開発でアメリカのフォードと提携交渉を行っているとの報道があるが，メガベンチャーが有力な金融機関と提携することによって，金融ビジネスを根底から変革させるようなソリューションを創り上げる可能性だってあるだろう。メガベンチャーは金融機関の持つインフラに匹敵する資源を第3世代プラットフォーム上に持っている。彼らのプラットフォームが金融業界へ浸透していく過程でFinTech企業を取り込んでいけば，金融業界にとってもメガベンチャーが無視できない存在になっていく可能性がある。

## 8-3　メガベンチャーの動向

　Apple，Google，Amazonの3社とこれらのエコシステムに連なるメガベンチャーは，これからのFinTechソリューションにおいて大きな役割を果たすことになるだろう。メガベンチャーの圧倒的な強みはそのユーザ

図表8－1　拡大するメガベンチャーのエコシステム

| iPhoneアクティブユーザ数 | 10億台 |
|---|---|
| AppStoreの2016年元日の売上 | 1億4400万ドル |
| Facebookユーザ数 | 16億ユーザ |
| Facebook Messengerユーザ数 | 8億ユーザ |

（出所）　札幌スパークル資料　2016年1月28日

数の広がりにある。強力なカスタマーベースを押さえ、そのプラットフォーム上に新しいサービスをつなぎあわせていくことで、より強固なエコシステムができあがっていく。

　iPhoneのアクティブユーザ数[33]は10億台に達した。アップルのApp Storeの2016年元旦の販売金額は1億4,400万ドル（約160億円）に達し、過去最高を達成した。アンドロイド端末のアクティブユーザ数はiPhoneのさらに数倍だ。Googleは欧州に押し寄せる難民に対してなんと25,000台のChromeBookを無料配布したという。

　2016年は会話型コマースの年になるといわれている。注目されるのはプラットフォームとしてのメッセージアプリだ。たとえばUberはFacebookメッセンジャーをそのまま利用して、メッセンジャーからUberをつなげる対話型アプリケーションを作成した。FacebookメッセンジャーはAPIを公開しているので、メッセンジャーからのメッセージをそのままUberのアプリに送ってしまうことで、双方のアプリが連携した動作が実現できる。メッセンジャーの送るメッセージが他のアプリやIoTデバイスなどに

---

33　現在稼働している数。過去に販売されてすでに使われていない端末を含まない数字。

広がっていくことで，メッセージアプリ自体が新しいアプリ OS のように機能していく可能性もあるに違いない。

モバイルプラットフォームの猛烈な進化は，ネット上のあらゆるサービスを巻き込んで，呑み込んでいくだろう。小売チェーンのクーポンなどネットを対象としたマーケティング事例をみるとはじめから iPhone やアンドロイドを前提としたサービスがどんどん増えている。ネット銀行やネット証券のような金融サービスも例外ではない。モバイルプラットフォームへの対応はマスリテールにおける最大の課題だ。

## 8-4　日本における FinTech

日本でも FinTech を標榜するベンチャー企業がいくつか立ち上がっている。しかしそもそもの問題として，日本のベンチャーマーケットにはアメリカにあるものが欠けている。すでに触れたように，日本全体のベンチャーキャピタルの投資額はアメリカのそれを2桁下回る。アメリカのベンチャー企業が指南役として頼るアクセラレータも，日本のベンチャー市場に欠けるものだ。そして第3世代プラットフォームを担うメガベンチャーとエコシステムが日本にはまだ存在しない。

アクセラレータの存在は重要だ。ベンチャー企業をスタートしようとする人材は，技術やバイタリティーはあっても業界の人脈がなかったり，そもそも金融ビジネスの仕組みをよく知らなかったりする。こうした人材が金融業界へ受け入れられて，ソリューションビジネスを成立させるには，どうしても業界経験者のサポートが欠かせない。

日本ではそうしたアメリカのアクセラレータ人材のことを「目利き」と呼んでいて、「日本には目利きがいないからね」というぼやきを金融機関の経営者から耳にすることも多い。だが私が会ったアクセラレータは単なる目利きではない。経験と当事者意識をもって新しい事業に挑戦していくのは彼らなのだ。日本でも金融や金融ITの大企業の中にはビジネスを自ら立ち上げた経験者はいくらでも存在する。問題は日本でビジネスを立ち上げてきた経験者が、次なる挑戦に対してインセンティブを持てるようなベンチャービジネスの構造ができあがっていないことだ。

　第3世代プラットフォームとエコシステムはこれからのFinTechにとって間違いなく欠かせない存在だ。第3世代プラットフォームのパワーの源泉はユーザIDの数量と、ユーザの利用時間だ。日本のどんなネットサービスでもAppleやGoogleやFacebookの持つパワーに追いつくことはできない。日本にあるネット上のさまざまな金融サービスは生き残りをかけて第3世代プラットフォームを選択し、彼らのエコシステムに組み込まれていくことになるだろう。

　クラウドをインフラとして使いこなすテクノロジー集団が存在しないことも大きな課題だ。DevOpsやAWSの提唱するサーバレスアプリケーションなど、新しいタイプのソフトウェア開発はFinTechソリューションのベースになる存在だ。だが最先端のクラウド技術を使いこなせる人材が日本には欠けている。大手金融機関のCIOとこの問題を議論するたびに人材育成の必要性を語り合うことになるのだが、現実にはDevOpsに手も足もでないIT技術者が多い。アメリカではIntelなどのIT企業がコンピュータサイエンスに強い大学に資金を出して、最先端のソフトウェア開発の教育を促進している。日本においてもソフトウェア開発の人材育成につ

いてはIT業界，金融業界がリードした新しい取組みが不可欠だ。

　最大の課題は金融機関そのものだ。多くの金融機関は自己変革への挑戦にまだ真剣に踏み切ろうとしていない。このままではいくら素晴らしいFinTechソリューションが登場しても，FinTechはおろか日本全体が茹でガエルになってしまう。日本のFinTechがアメリカに伍して社会を変革する起爆剤に成長していくためには，日本の金融機関のリーダシップが欠かせないのだ。

## 8-5 どうして日本企業はエコシステムが苦手なのか？

　日本のビジネスマンにエコシステムといってもなかなかピンと来てくれない。同じ感覚は第3世代プラットフォームについて語るときにも感じる。エコシステムとかプラットフォームといった概念が受け入れられないのだ。どうして日本企業はエコシステムが苦手なのだろうか。それはこれまで日本企業の育ってきた背景に関係がありそうだ。

　AppleやGEなど，デジタルトランスフォーメーションの渦中にある企業の特徴はこうだ。

- ビジネススコープがシャープで事業戦略は明確
- トップのコミットメントと執着
- 人材に対する貪欲さ

　世界最大の企業になっても，Appleのホームページはいたってシンプル

だ。製品はMacとiPhone，あとはApple TVとApple Watch。それだけだ。ビジネススコープは狭く，それぞれが相互につながっている。Apple TVやApple Watchを製品化する理由がAppleには明確に存在した。Appleのプラットフォーム上で製品同士をつなげていくのが彼らの戦略だ。

　かつてiPodを製品化しようとしていた当時，取締役会でソニーのウォークマンのデザインや広告宣伝をスティーブ・ジョブスが何度も話題にしたという。ビジネススコープが絞られていて，事業戦略がシンプルだからトップ経営者が自分の頭で考え，判断することができるのだ。

　Appleだけの話ではない。デジタルトランスフォーメーションを推し進めるGEはイメルト会長のリーダシップのもと，金融ビジネスのGEキャピタルを売却するなどすさまじいペースで自己変革に挑戦している。私の同僚がデジタルトランスフォーメーションを推進する立場にあるGEの経営幹部を訪問した。「ソフトウェア企業になるってイメルト会長は言ってるけれど，現場は大変だよね。本当はやりたくないんだろ？」と質問した同僚に，「それは今までとまるで違ったことをやるわけだから簡単なわけがない。でもやらなかったら解雇されるだけの話だからね。」と彼は答えたという。

　トップの執着は人材に向かう。たとえばCIOを選ぶのにも中途半端な選択などしない。ある老舗保険会社は，旧来型のIT部門を変えなければFinTechに対抗できないと考えた。彼はGoogleの有名な開発エンジニアをスカウトして，CIOに採用した。今，その保険会社は第3世代プラットフォームへ自社システムを持っていくためのプロジェクトを敢行中だ。

これに対して私たちの周囲にある日本のビジネス社会は正反対ではなかろうか。

- 広いビジネスのスコープ（会社としての意思決定に時間がかかる）
- 見えないトップ（会社と会社の関係，部下と上司の関係がすべて縦の階層構造になっている）
- バランス優先の評価（抜け駆けするような人材を嫌い，組織全体が平等になるような評価体系を好む）

　日本の高度成長期には，個を犠牲にしても組織全体を優先する企業文化が効率的に働いた。けれども低成長の時代には組織の存続を優先する企業文化は逆に強い反作用を生み出している。今日の日本企業は容易に茹でガエルに陥る危険性をはらんでいる。「この仕事は〇〇でなければできない」といった評価がなされずに，「〇〇出身の彼に任せてみよう」といった判断でリスクを先送りしようとする。合併した銀行のたすき掛け人事のようなことが随所に繰り返されている。

　日本の大企業では組織全体がカバーしているビジネスや業務は実に複雑で多様だ。トップがすべてのビジネスや業務を詳細に理解している例などほとんどないだろう。ビジネス現場には状況をしっかり把握している人材がいても，階層構造になった組織を報告があげられていくうちに情報がどんどん希薄化してしまう。いかに優秀なトップでも，知らないことは判断できないのだ。

　縦構造の組織は当事者意識のうすいマネージャにとって心地よい。責任を下の組織に押しつけられるからだ。手抜き杭打ち工事の責任を下請けの

せいにするマンション建設と同じような光景が，金融機関や金融IT企業にもすぐに起きてしまう。

　縦の階層構造の中で責任問題が論じはじめられると，次はルールの厳格化だ。ルールというものはいったんきつくしてしまうと，状況が変わったからといって緩くするということが難しい。金融ビジネスも金融ITもコンプライアンス強化の大合唱で，筆舌に尽くせないほど多くのルールが導入された。ルールには当局がつくった規制もあれば，業界ルールもあるし，社内ルールもある。いずれのルールもビジネスや業務を縛り，自己変革への流れを阻止しようとする。

　私の元部下で，今はニューヨークのマーケティング会社に勤めている日本人女性がこんなことをいっていた。アメリカ人が日本人と仕事をしていてイラッとくる普遍的ポイントだそうだ。

- 沈黙することでNoを伝えようとする。反応がない
- 提案していたはずのものが，いつの間にか立ち消えていたり，最終決定までにやたら時間がかかる（責任者不在）
- 本当に必要なのかと思うほどやたら細かい情報を欲しがったり，締め切りを無理強いする割に，情報や労働に対価を支払わない
- 偉い人と直接話しても，やりたいことがわからない。飲み会でしか本音をいわない
- マニュアルや過去事例がないので，「できません」という（自分で考える努力をしない）
- 海外グループの意見を取り込まず，東京だけで最終決定し，背景を説明せずにグローバルに適用しようとする

いずれも日米企業のビジネス交渉の場で目にする光景だ。日本人がアメリカ企業や自社のアメリカ子会社を「下」と認識するとこのようになりがちだ。日本側交渉担当者は日本の経営トップを慮り，中間管理職のようになってしまう。交渉は断片的になり，詳細な情報を求める。下の立場のものの努力を犠牲にすることを問題と思わない。全体を俯瞰した当事者意識がないので，資料にメッセージがない。私も似たような経験があるが，その場面を思い出すと恥ずかしくなる。いずれにせよこれではアメリカのエコシステムに加わることなどできそうにない。

## 8-6 金融とITの付き合い方

ある金融機関のCIOに就任した友人と，最近，週末ゴルフを楽しむ機会があった。女性エンジニアが彼に尋ねた。

「CIOの仕事ってなんなんですか？」

しばらく考えた後で彼はこう答えた。
「経営にITのことを理解させることが一番大事だね。ITを使えば何ができるか。そして潜在的にどういうリスクがあるか。やらなかったときにどうなるか。」

まさに我が意を得たりだ。金融機関の経営トップにITの経験が豊富な人材が多いとは思えないが，金融機関のビジネスにとってITは重要すぎるほど重要だ。だから経験の豊富な人材を経営陣の中にCIOとして位置付ける意味がある。

アメリカの金融機関を訪問してCIOにIT戦略とクラウドとの関わりについて質問したときのこと。CIOは自ら分厚いプレゼンテーション資料を使って，自社のIT戦略をほぼ1時間もかけて詳細に説明してくれた。1,000億円規模の予算と開発や運用の組織体制，プライベートクラウドやホストコンピュータを含めたシステム概要など説明はハイレベルで実に理解しやすい。私は日米の金融機関におけるシステムマネージメントに大きな差がなく，彼が日本のわれわれと同じ問題に直面していることを確認した。そして同時に，アメリカのCIOが細部をきちんと把握してハイレベルなプレゼンテーションを準備していることに驚いた。この資料は突然の訪問者であった私たちのために準備したものではないということは間違いない。おそらく彼がCEOやビジネス部門のヘッドに対して説明する資料から一部を抜粋して私に説明してくれたのだ。このCIOはいつでも自社システムの詳細をきちんと説明できるようにしているし，実際，そうした機会が多いのだろう。彼のプレゼンテーションには，彼が自分の責任範囲のITについてCEOに理解してもらいたいことが詰まっている。

　残念なことに日本企業ではビジネスとITのコミュニケーションがうまくいっていないケースをよく見かける。金融機関のトップにとってITは往々にして「開けたくないパンドラの箱」だ。FinTechがどんなに素晴らしいものかを説明しても，ビジネスサイドのITに対する関心のなさに愕然とすることはよくあることだ。ビジネスサイドの面々は畑違いのITの話など聞きたくもない。

　反対にIT部門から見たビジネスラインはわからず屋で強引でわがままな存在だ。IT部門のスタッフはできるだけビジネス部門への説明を避けようとするし，適当な説明だけして，なんとか承認を得ようとする。これ

ではコミュニケーションになるはずもない。

　FinTechを使いこなしてデジタルトランスフォーメーションに挑戦する金融機関があるとすれば，ビジネスとITとの関係をチェックするところからはじめる必要があるだろう。ビジネスサイドのヘッドはFinTechの詳細な中身を理解する必要はないが，ビジネス面からみたソリューションの価値とリスクを把握して，自らリーダシップをとっていくべきだ。ITサイドのヘッドはもちろんFinTechをきちんと理解して，同時にビジネスサイドの問題意識を共有できる能力をもつことが欠かせない。

　FinTechを使いこなすのはFinTechを理解したプロ集団だ。プロ中のプロであるCIOが率いるプロ集団なくしてFinTechをベースとした事業戦略など成功するはずもない。

## 8-7　FinTechを戦力にする

　今は驚きをもって見られているアメリカのFinTechソリューションも多いが，やがて日本でもそうしたソリューションが普通の存在に変わっていくことだろう。FinTechソリューションを使いこなして自社のサービスを変革していく金融機関と，それができない金融機関との競争力格差は広がるばかりだ。

　FinTechソリューションを戦力にしていくには，FinTechソリューションと金融ビジネスの両方を見渡しながらソリューションを取り込んでいけるタイプの人材が欠かせない。参考になるのがメガベンチャーの新プロジ

ェクトを立ち上げるときのやり方だ。

　Amazonでは新ビジネスをスタートさせるときに，発案者がトップ主催の新ビジネス検討委員会へ2つのものを提出する。1つめは新ビジネスがローンチしたときにメディアに発表するニュースリリース。2つ目はサービスのFAQ（Frequent Asked Questions；顧客からの想定質問のリスト）だ。ニュースリリースを評価することで，そのプロジェクトの持つマーケットインパクトが理解できる。FAQを評価すれば発案者がビジネスモデルをどこまで深く検討しているかが理解できる。

　委員会がプロジェクトのスタートを承認すると，プロジェクトが編成される。プロジェクトのメンバーは「ピザ2枚」がルールだ。どういう意味かというと，ピザ2枚を囲んで食事をしながら議論できるぐらいの人数ということだ。つまり5名前後。10名ではピザが足りなくなる。少人数で意識を共有しながら密接なコミュニケーションでプロジェクトを進めていく。メンバーにはビジネスサイドの担当者のほかに，アプリケーションプログラムを開発するエンジニアや品質管理の担当者なども含まれる。日本企業でよくみられる協力会社は登場しない。

　DevOpsスタイルの開発はテンポが早い。半年もすればプロトタイプが完成し，すぐにサービスがスタートする。AmazonはAWS上に年間で約500種類の新しいアプリケーションをスタートさせている。

　日本企業を見渡すと，すぐにピザ2枚のプロジェクトチームを編成できる人材を持ったところはなかなか少ないだろう。どの金融機関にとっても人材育成が課題となる。ありがちなのはトップが「こういうイノベーショ

ンは若手に権限を委譲してやらせなければだめだ」といって経験のない世代を集めて丸投げする光景だ。これは最悪だ。若手への丸投げはちっとも権限移譲になっていない。これでは失敗製造工場で，決して人材育成にはならない。

　ピザ2枚のスタイルには経験のある人材の起用が欠かせない。本業の大事なことを担当している最優秀の経験者を配置すべきだ。仮に社内にそうした人材がいなければ社外から採用すべきだ。知識を詰め込む人材育成は可能だが，経験は教育できないのだから。

## あ と が き

　日本で最初のシンクタンクだった野村総合研究所（NRI）に私は1983年に産業分野の研究員として入社した。1965年，山一證券に日銀特融が出された年に設立された当社は，私が入社した当時もまだ小さな所帯で，存在を知る人も少なかった。IT企業の事業戦略立案に従事して10年が過ぎた頃，野村総合研究所が野村グループのコンピュータ部門だった野村コンピュータシステムと合併されることとなった。合併の仕掛け人だった野村證券の田淵節也会長は研究所とコンピュータをもじって「乾坤一擲」と称した。今思えば乾坤一擲がFinTechのスタートだった。

　合併からしばらくたった1993年に私はソリューション部門（旧野村コンピュータシステム）へ異動した。会社を辞めたわけではないが，まるで転職である。コンサルタントとしての10年はエレクトロニクスや電子部品メーカの要請で調査をしたり，IT企業の戦略立案をまかされた。急成長するコンピュータ業界には仕事のうえでも個人的にも高い関心を払っていたが，まさかそこへ自分が飛び込むことになるとは思いもよらなかった。

　ソリューション部門に飛び込んで，そこですぐに直面したのが世にいうダウンサイジングの波だ。IT業界ではIBMが創業以来はじめての赤字を計上し，築き上げたメインフレームコンピュータの牙城が崩れようとしていた。ビジネス界ではバブル崩壊と，続く証券不況，失われた20年がはじまったところであった。

野村證券はシステム費用を3分の1に圧縮するBPR（Business Process Re-engineering）プロジェクトを開始しようとしていた。コンサルタントだった私は野村證券の新任システム企画部長につかまり，プロジェクトの「マスタープラン」作成を手伝った。上司からは「いったい何をしているのか？　会社をつぶす気か？」と叱られた。だが新任のシステム企画部長は私にこういった。「これを実現しなかったらNRIはつぶれないかもしれない。でも野村證券はつぶれる。そうしたらNRIだってつぶれてしまうだろう。」

　90年代のはじめ頃，NRIは野村證券の100％子会社で，売上の60％以上を野村證券に依存していた。その大半はIT費用だ。つまり野村證券がIT費用を3分の1にするということは，NRIの大幅な売上減に直結した。しかしバブル崩壊に直面した野村證券はなりふり構わぬ自己変革プロジェクトに賭けていた。

　奇しくも私がソリューション部門で飛び込んでしまったのは，野村證券の凄まじい自己変革の真っ只中だった。システムのスリム化のために，総務部門の組織や陣容を大きく変えて，営業のやり方も変える。「やりとげなければ会社がおかしくなる」という切羽詰まった気概がプロジェクト全体を高揚させていた。メインフレームでなければシステムはできないというソリューション部門のベテランを私たち若僧が説得して回り，立場も何も忘れてシステムのダウンサイジングをやりきった。

　一方，プロジェクトがスタートした直後から，私たちはNRIの売上減をカバーするための新しいビジネス開拓に努めなければならなかった。新規顧客開拓や業務アプリケーションサービスだ。いまでこそ外部のITソ

リューションを利用することは，金融業界でもあたり前のことだ。だが当時は門外不出のITソリューションを外部企業へ販売しようとするベンダーなど皆目存在しなかった。われわれも営業経験などまったくなかったが，顧客にしがみつきながらなんとか相手にしてもらった。いうにいえぬ苦労の末，さまざまな証券ソリューションが育っていった。

そもそも金融機関はITと切っても切れない関係にある。IBMがこの世になければ巨大銀行やグローバル証券会社はひとつも生まれなかったに違いない。90年代のはじめ頃まで，アメリカでも日本でも金融機関でITといえば，それは社内ITのことだった。IT技術はそれぞれの金融機関にとって秘蔵のノウハウで，それを外部に提供しようとするところなど皆無だった。ところがアメリカでも90年代の後半になると金融ITソリューションを提供する専門会社が出現する。ちょうどNRIでわれわれが野村グループの外へソリューションビジネスを広げようとしていた頃だ。世の東西を問わず金融機関のリストラやダウンサイジングがITサービスを外部ビジネス化させたように思われる。

NRIは証券会社や銀行向けのソリューションビジネスを拡大し，今では売上の60%以上を金融向けITビジネスが占める金融ITソリューション会社となった。FinTech 1.0だ。

FinTech 1.0が生まれる過程において，私たちはいろいろな変化やイノベーションを経験した。コーナーストーンのように遭遇したプロジェクトでの経験を通じて，顧客もソリューションもそしてビジネスモデルも変化を遂げた。マイクロソフトのWindowsやインターネット，そしてオラクルデータベースが巻き起こしたIT業界の変革は，常に私たちの味方だった。

今日，すべての金融ビジネスがかつてない大きな波に直面している。クラウドコンピューティング，モバイル，人工知能といった新たな技術が金融ビジネスを変革していくことに疑いはない。長らく金融ITを支えてきたハードウェアベンダーは，すでに波に呑み込まれてしまったかも知れない。波の頂点に立つクラウド企業，メガベンチャーと金融業界が本当の意味で向かい合うのはこれからだ。

日本の金融業界，金融IT業界が「ソフトウェアが世界を呑み込む」という時代へ向かって取り組むことは，かつて私たちが経験してきたことと本質的には変わらない。これまで育んできたFinTechを見直し，必要ならば自己否定して，一歩ずつ新たな階段を上っていくだけのことだ。

日本の金融ビジネスが厳しい自己改革を乗り切って，新しい時代のリーダシップを確立することを期待する。まだ間に合うはずだ。日本の金融ビジネスをデジタルトランスフォーメーションによって強くすることが，私たちのFinTech 2.0なのだ。

本書を上梓するにあたり，金融業界のITに携わる経営幹部の方々と多くの機会を通じて意見交換をさせていただいた。また，以下の方々にはそれぞれ最新ソリューションや業界動向をご教示いただいた。（企業名五十音順）

アカマイ・テクノロジーズ合同会社
アマゾン ウェブ サービス ジャパン株式会社
EMCジャパン株式会社
ヴイエムウェア株式会社
札幌スパークル株式会社
シスコシステムズ合同会社
日本オラクル株式会社
日本ヒューレット・パッカード株式会社
日本マイクロソフト株式会社
ネットワンシステムズ株式会社
Pivotalジャパン株式会社

NRIホールディングス・アメリカ社長の小粥泰樹氏，NRIアメリカ金融研究室長の吉永高士氏，金融テクノロジー・グループ長の横川和光氏には米国のFinTechベンチャー企業動向と，リテール金融に関する調査をサポートいただいた。OpenIDなどインターネット技術の標準化については野村総合研究所の崎村夏彦氏に情報提供をいただいた。中央経済社の奥田真史氏と野村総合研究所の天野雅司氏，佐藤紀雄氏，金子久氏，坂智一氏，松原友里氏には執筆活動の全般にわたってご支援をいただいた。このほかにも野村證券，野村総合研究所の多くの先輩諸氏から多くのご指導を賜った。感謝の意をここに記しておきたい。

[著者紹介]

楠　真（くすのき・しん）
野村総合研究所（NRI）理事

1983年東工大・工卒，野村総合研究所入社。旧鎌倉研究本部でIT企業などへのコンサルテーションに従事した後，システム商品事業部を皮切りにシステム開発を担当。2003年に企画担当執行役員となり，その後，金融ITイノベーションセンター長，金融フロンティア事業本部，資産運用サービス事業本部，金融・資産運用ソリューション事業本部，IT基盤インテグレーション事業本部の本部長，システム基盤事業担当を歴任。NRI Fintech India，NRI大連，NRIプロセスイノベーションを設立した。直近は「NRIクラウド」の立上げを統括。09年に常務執行役員。15年から現職。

## FinTech 2.0──金融とITの関係がビジネスを変える

2016年4月5日　第1版第1刷発行
2016年6月15日　第1版第9刷発行

著　者　楠　　　　真
発行者　山　本　　　継
発行所　㈱中央経済社
発売元　㈱中央経済グループ
　　　　パブリッシング

〒101-0051　東京都千代田区神田神保町1-31-2
電話　03（3293）3371（編集代表）
　　　03（3293）3381（営業代表）
http://www.chuokeizai.co.jp/
印　刷／㈱堀内印刷所
製　本／㈱関川製本所

© 2016
Printed in Japan

※頁の「欠落」や「順序違い」などがありましたらお取り替えいたしますので発売元までご送付ください。（送料小社負担）
ISBN978-4-502-18821-3　C3034

JCOPY〈出版者著作権管理機構委託出版物〉本書を無断で複写複製（コピー）することは，著作権法上の例外を除き，禁じられています。本書をコピーされる場合は事前に出版者著作権管理機構（JCOPY）の許諾を受けてください。
JCOPY〈http://www.jcopy.or.jp　eメール：info@jcopy.or.jp　電話：03-3513-6969〉